INTEGRAÇÃO REGIONAL

UMA INTRODUÇÃO

CB132122

www.saraivauni.com.br

Temas Essenciais em R.I. 3

Antônio Carlos Lessa
Henrique A. de Oliveira (Coords.)

INTEGRAÇÃO REGIONAL

UMA INTRODUÇÃO

Paulo Roberto de Almeida

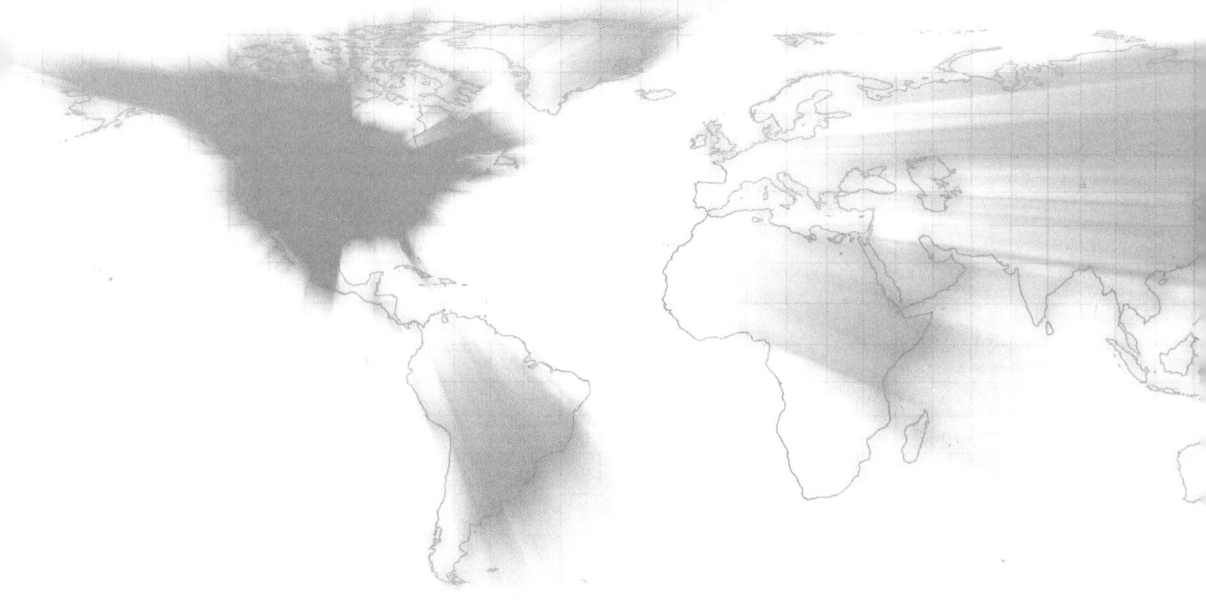

Editora Saraiva

Editora Saraiva

Rua Henrique Schaumann, 270
Pinheiros – São Paulo – SP – CEP: 05413-010
Fone PABX: (11) 3613-3000 • Fax: (11) 3611-3308
Televendas: (11) 3613-3344 • Fax vendas: (11) 3268-3268
Site: http://www.saraivauni.com.br

Filiais

AMAZONAS/RONDÔNIA/RORAIMA/ACRE
Rua Costa Azevedo, 56 – Centro
Fone/Fax: (92) 3633-4227 / 3633-4782 – Manaus

BAHIA/SERGIPE
Rua Agripino Dórea, 23 – Brotas
Fone: (71) 3381-5854 / 3381-5895 / 3381-0959 – Salvador

BAURU/SÃO PAULO (sala dos professores)
Rua Monsenhor Claro, 2-55/2-57 – Centro
Fone: (14) 3234-5643 – 3234-7401 – Bauru

CAMPINAS/SÃO PAULO (sala dos professores)
Rua Camargo Pimentel, 660 – Jd. Guanabara
Fone: (19) 3243-8004 / 3243-8259 – Campinas

CEARÁ/PIAUÍ/MARANHÃO
Av. Filomeno Gomes, 670 – Jacarecanga
Fone: (85) 3238-2323 / 3238-1331 – Fortaleza

DISTRITO FEDERAL
SIA/SUL Trecho 2, Lote 850 – Setor de Indústria e Abastecimento
Fone: (61) 3344-2920 / 3344-2951 / 3344-1709 – Brasília

GOIÁS/TOCANTINS
Av. Independência, 5330 – Setor Aeroporto
Fone: (62) 3225-2882 / 3212-2806 / 3224-3016 – Goiânia

MATO GROSSO DO SUL/MATO GROSSO
Rua 14 de Julho, 3148 – Centro
Fone: (67) 3382-3682 / 3382-0112 – Campo Grande

MINAS GERAIS
Rua Além Paraíba, 449 – Lagoinha
Fone: (31) 3429-8300 – Belo Horizonte

PARÁ/AMAPÁ
Travessa Apinagés, 186 – Batista Campos
Fone: (91) 3222-9034 / 3224-9038 / 3241-0499 – Belém

PARANÁ/SANTA CATARINA
Rua Conselheiro Laurindo, 2895 – Prado Velho
Fone: (41) 3332-4894 – Curitiba

PERNAMBUCO/ ALAGOAS/ PARAÍBA/ R. G. DO NORTE
Rua Corredor do Bispo, 185 – Boa Vista
Fone: (81) 3421-4246 / 3421-4510 – Recife

RIBEIRÃO PRETO/SÃO PAULO
Av. Francisco Junqueira, 1255 – Centro
Fone: (16) 3610-5843 / 3610-8284 – Ribeirão Preto

RIO DE JANEIRO/ESPÍRITO SANTO
Rua Visconde de Santa Isabel, 113 a 119 – Vila Isabel
Fone: (21) 2577-9494 / 2577-8867 / 2577-9565 – Rio de Janeiro

RIO GRANDE DO SUL
Av. A. J. Renner, 231 – Farrapos
Fone: (51) 3371- 4001 / 3371-1467 / 3371-1567 – Porto Alegre

SÃO JOSÉ DO RIO PRETO/SÃO PAULO (sala dos professores)
Av. Brig. Faria Lima, 6363 – Rio Preto Shopping Center – V. São José
Fone: (17) 3227-3819 / 3227-0982 / 3227-5249 – São José do Rio Preto

SÃO JOSÉ DOS CAMPOS/SÃO PAULO (sala dos professores)
Rua Santa Luzia, 106 – Jd. Santa Madalena
Fone: (12) 3921-0732 – São José dos Campos

SÃO PAULO
Av. Antártica, 92 – Barra Funda
Fone PABX: (11) 3613-3666 – São Paulo

381.833.001.001

ISBN 978-85-02-19963-7

CIP-BRASIL. CATALOGAÇÃO NA FONTE
SINDICATO NACIONAL DOS EDITORES DE LIVROS, RJ.

I48
v.3

Integração regional : uma introdução / Paulo Roberto de Almeida; Antônio Carlos Lessa, Henrique Altemani de Oliveira (coord.). - São Paulo : Saraiva, 2013.

192p. : 24 cm (Temas essenciais em RI)

ISBN 978-85-02-19963-7

1. Desenvolvimento econômico 2. Política econômica. I. Lessa, Antônio Carlos, 1970- II. Oliveira, Henrique Altemani de, 1945- III. Almeida, Paulo Roberto de, 1949-. III. Série.

13-0972. CDD: 338.9
CDU: 338.1

15.02.13 18.02.13 042807

Copyright © Paulo Roberto de Almeida, Antônio Carlos Lessa (Coord.) e Henrique A. de Oliveira (Coord.)
2013 Editora Saraiva
Todos os direitos reservados.

Direção editorial	Flávia Alves Bravin
Coordenação editorial	Rita de Cássia da Silva
Aquisições	Ana Paula Matos
Editorial Universitário	Luciana Cruz Patricia Quero
Editorial Técnico	Alessandra Borges
Editorial de Negócios	Gisele Folha Mós
Produção editorial	Daniela Nogueira Secondo Rosana Peroni Fazolari
Produção digital	Nathalia Setrini Luiz
Suporte editorial	Najla Cruz Silva
Arte e produção	MSDE / MANU SANTOS Design
Capa	MSDE / MANU SANTOS Design
Produção Gráfica	Liliane Cristina Gomes
Impressão e acabamento	Prol Editora Gráfica

Contato com o editorial
editorialuniversitario@editorasaraiva.com.br

1ª edição

SaraivaUni

Nenhuma parte desta publicação poderá ser reproduzida por qualquer meio ou forma sem a prévia autorização da Editora Saraiva. A violação dos direitos autorais é crime estabelecido na lei nº 9.610/98 e punido pelo artigo 184 do Código Penal.

Para *Carmen Lícia*,
companheira de estudos, de leituras, de viagens, de todos os momentos
de nossa jornada comum em direção ao conhecimento, ofereço este livro,
com amor, carinho e a dedicação de toda uma vida.

The average university is "a sanctuary in which exploded systems and obsolete prejudices find shelter and protection, after they have been hunted out of every other corner of the world".[1]

Adam Smith, depois de passar sete anos em Oxford.

In: HERMAN, Arthur. *How the scots invented the modern world: the true story of how western europe's poorest nation created our world and everything.* New York: Three Rivers Press, 2001. p. 198.

1 A universidade média é "um santuário no qual sistemas derrocados e preconceitos obsoletos encontram abrigo e proteção, depois de terem sido escorraçados de todos os demais cantos do mundo".

Sobre os autores

PAULO ROBERTO DE ALMEIDA Doutor em Ciências Sociais pela Universidade de Bruxelas (1984), mestre em Planejamento Econômico pelo Colégio dos Países em Desenvolvimento pela Universidade de Antuérpia (1977) e bacharel em Ciências Sociais pela Universidade Livre de Bruxelas (1975). Diplomata de carreira desde 1977, serviu em diferentes postos no exterior, geralmente em setores econômicos de embaixadas e delegações do Brasil, em especial em Washington, Paris, Genebra e Montevidéu (Aladi). Desde 2004 é professor de Economia Política nos programas de mestrado e doutorado em Direito do Centro Universitário de Brasília (Uniceub), tendo sido professor na Universidade de Brasília e no Instituto Rio Branco do Ministério das Relações Exteriores. Autor de numerosos livros e artigos publicados sobre as relações econômicas internacionais, os processos de integração, bem como a história diplomática e a política externa do Brasil.

Contato com o autor: PRALMEIDA@editorasaraiva.com.br

ANTÔNIO CARLOS LESSA (Coord.) é pós-doutor pela Université de Strasbourg, doutor e mestre em História pela Universidade de Brasília (UnB) e graduado em Relações Internacionais pela mesma instituição. Atualmente, é professor do Instituto de Relações Internacionais da UnB e pesquisador do Conselho Nacional de Desenvolvimento Científico e Tecnológico (CNPq). É editor da *Revista Brasileira de Política Internacional* (RBPI), do *Boletim Meridiano 47* e coordenador do projeto Mundorama na UnB, iniciativa de divulgação científica em Relações Internacionais no Brasil.

Contato com o autor: ACLESSA@editorasaraiva.com.br

HENRIQUE ALTEMANI DE OLIVEIRA (Coord.) é doutor e mestre em Sociologia pela Universidade de São Paulo (USP) e graduado em Ciências Sociais pela mesma instituição. Atualmente é Pesquisador Visitante e Coordenador Adjunto do Mestrado em Relações Internacionais da Universidade Estadual da Paraíba. É igualmente Professor do Programa de Relações Internacionais da Pontifícia Universidade Católica de São Paulo e Coordenador do Grupo de Estudos Ásia Pacífico. Foi Coordenador Adjunto do Núcleo de Pesquisa em Relações Internacionais da USP e Professor e Coordenador do Mestrado em Relações Internacionais da Universidade de Brasília (UnB).

Contato com o autor: ALTEMANI@editorasaraiva.com.br

Prefácio

Este livro, ainda que modesto em suas dimensões, e deliberadamente sintético em seus argumentos substantivos, consolida um itinerário bastante longo de estudos, pesquisas dirigidas, atividades práticas e escritos publicados sobre os processos de integração regional, em suas diferentes variantes institucionais e em suas múltiplas manifestações geográficas e políticas. Trata-se, como o subtítulo indica, de uma introdução, daí ter o autor resumido muitos outros trabalhos (seus ou de pesquisadores mais reputados, inclusive estrangeiros) em um texto que se atém ao essencial do que constitui um dos mais importantes processos dinâmicos da globalização contemporânea e do sistema multilateral de comércio, que desde 1995 é administrado pela Organização Mundial de Comércio.

O fenômeno da regionalização, em si, é obviamente bem mais antigo do que isso, sendo propriamente secular, ainda que sob outros formatos e roupagens; assim como são mais antigas (mesmo se de apenas duas ou três décadas) as preocupações deste autor com suas manifestações concretas, aliás despertadas desde o nascimento do Mercosul, que constituiu, justamente, o tema de seu primeiro livro *O Mercosul no contexto regional e internacional*,[1] obra hoje esgotada. Seguiu-se outro livro, mais sistemático, sobre esse importante bloco de comércio do hemisfério meridional, o *Mercosul: fundamentos e perspectivas*[2] e, dois anos depois, sua versão atualizada, em perspectiva comparada com a União Europeia, publicada na França, *Le Mercosud: un marché commun pour l'Amérique du Sud*[3]. Entre esses dois, uma obra didática fazia uma análise, de amplo escopo histórico, das experiências existentes nessa modalidade de liberalização comercial no âmbito do sistema multilateral de comércio, *O Brasil e o multilateralismo econômico.*[4]

Seguiram-se artigos, conferências e palestras sobre a integração regional, em especial sobre o Mercosul e a Alca, inclusive vários capítulos preparados para integrar livros coletivos. Todos esses escritos tinham a preocupação primordial de situar historicamente esse fenômeno e de contextualizá-lo no quadro dos experimentos em curso na América Latina; exibiam, também, o cuidado com o lado didático, traço sempre presente neste autor, constantemente dividido entre a atividade profissional na diplomacia brasileira e o empenho na docência universitária.

Muitas dessas reflexões, inclusive sobre o chamado "minilateralismo", foram mais recentemente objeto de uma grande síntese multidisciplinar, em livro que reuniu diferentes estudos meus sobre a integração, no contexto mais vasto da ordem mundial contemporânea, *Relações*

1 ALMEIDA, Paulo Roberto de. *O Mercosul no contexto regional e internacional*. São Paulo: Aduaneiras, 1993.

2 ALMEIDA, P. R. *Mercosul:* fundamentos e perspectivas. São Paulo: LTr, 1998.

3 ALMEIDA, P. R. *Le Mercosud:* un marché commun pour l'Amérique du Sud. Paris: L'Harmattan, 2000.

4 ALMEIDA, P. R. *O Brasil e o multilateralismo econômico*. Porto Alegre: Livraria do Advogado, 1999.

Internacionais e Política Externa do Brasil: a diplomacia brasileira no contexto da globalização.[5] Essas análises abrangentes, elaboradas no momento mesmo da implementação desses processos (ou no próprio ato de sua criação, como no caso do Mercosul) estavam marcadas, em todos os escritos referidos, por uma tripla combinação metodológica: a de uma abordagem propriamente histórica, inserida numa explanação basicamente econômica desses fenômenos, mas com a visão política indispensável que costuma guiar um analista acadêmico *doublé* de negociador prático, como este que escreve.

Com efeito, os trabalhos publicados sobre a integração e o Mercosul (cuja lista completa pode ser conferida no site deste autor[6]) se beneficiaram, certamente, da pesquisa bibliográfica e da reflexão acadêmica, mas foram, sobretudo, o fruto do envolvimento do autor com processos concretos de negociações comerciais regionais e multilaterais ao longo de uma carreira diplomática, basicamente articulada em torno das relações econômicas internacionais do Brasil: no contexto da Rodada Uruguai do Gatt, em Genebra; no foro negociador da Aladi, em Montevidéu; na própria unidade encarregada dessas áreas na Secretaria de Estado das Relações Exteriores, no Itamaraty, em Brasília; em muitas reuniões de trabalho do processo negociador da Alca, em Miami; e ocorreu, também, uma abordagem paralela, não necessariamente única ou exclusiva, desses fenômenos durante minhas estadas em Paris (inclusive acompanhando os trabalhos da OCDE nessa área) e em Washington, sede dos mais importantes organismos multilaterais econômicos (entre eles o Banco Interamericano de Desenvolvimento e a OEA, que promovem e estimulam importantes estudos sobre a integração regional nas Américas) e de alguns *think tanks* e fundações que também estudam intensamente essas modalidades de liberalização comercial, com destaque, nessa capital, para o Nafta e, então, para o frustrado processo negociador da Alca.

Essas referências pessoais visam unicamente demonstrar que este pequeno livro não é apenas o reflexo, ou o resultado, de mera pesquisa conduzida em livros ou mediante uma rápida síntese de leituras variadas; ele é, essencialmente, o resultado de um longo envolvimento prático com negociações concretas de experimentos de integração regional, bem como de um conhecimento direto do funcionamento interno do Mercosul, da Aladi e, ainda que de modo indireto, da União Europeia e do Nafta (para não mencionar a natimorta Alca). Foi a constante convivência com todos esses mecanismos, instituições e negociações, bem como com seus eventuais percalços ou retrocessos, que permitiu ao autor discorrer, linearmente, nos capítulos desta obra, sobre os mais diferentes exemplos de integração regional, praticamente sem recorrer a extensas pesquisas preliminares, dispensando até os livros de história, uma vez

5 ALMEIDA, P. R. *Relações Internacionais e Política Externa do Brasil:* a diplomacia brasileira no contexto da globalização. Rio de Janeiro: LTC, 2012.

6 Veja <http://www.pralmeida.org>. Acesso em: 30 nov. 2012.

que ele assistiu, foi protagonista, ou contemporâneo, de muitos dos processos que vão aqui descritos em seus traços essenciais.

Sem qualquer falsa modéstia, o livro consolida, por assim dizer, a trajetória pessoal, tanto intelectual quanto diplomática, deste autor, motivo pelo qual possui, legitimamente, uma credibilidade que poucas obras puramente acadêmicas podem exibir. Ele certamente não está isento de limitações e de insuficiências (várias motivadas pelo formato voluntariamente sintético e didático que assumiu por opção) em função das quais deve, como ocorre em todos os casos, submeter-se às críticas dos especialistas, sejam eles economistas acadêmicos ou negociadores profissionais.

Em qualquer hipótese, uma característica provavelmente distingue o autor dos escritores de gabinete e, certamente, de muitos dos diplomatas da área: ele elaborou esta obra com pleno conhecimento de causa e com toda a honestidade intelectual de que é capaz um autor que, ainda que pertencendo a uma carreira de Estado, estabelece como sendo a principal tarefa do analista, sua missão primordial, a fidelidade aos fatos e o indispensável rigor analítico. Aos leitores, agora, a missão de avaliar se esse esforço atende às suas expectativas.

Paulo Roberto de Almeida

Sumário

Capítulo 1

INTRODUÇÃO: REGIONALISMO, UM FENÔMENO COMPLEXO DA ECONOMIA MUNDIAL

O estudante, o pesquisador, ou o simples curioso que consultasse, no início de 2013, o portal dos Acordos Regionais de Comércio (ARCs), ou os Regional Trade Agreements (RTAs), em inglês, no site da Organização Mundial do Comércio (OMC),[1] era informado de que, até o dia 10 de janeiro de 2013, tinham sido notificados 546 ARCs, dos quais 354 estavam em vigor, segundo uma contagem que separava os acordos de bens ou mercadorias, dos acordos de comércio de serviços.[2]

A mesma base de dados da OMC listava ainda duas dúzias de Acordos Preferenciais de Comércio ou PTAs (Preferential Trade Arrangements),[3] geralmente ao abrigo do Sistema Geral de Preferências (SGP), que representa uma concessão unilateral, sem reciprocidade, de países avançados a países em desenvolvimento.[4] O Brasil, por exemplo, aparecia nessa informação como beneficiário de nove acordos preferenciais, mas é provável que ele venha a perder concessões, à medida dos avanços de sua economia e das melhorias em seu grau de desenvolvimento.

Dos mais de 540 acordos registrados, a maioria estava ao abrigo do artigo 24 do Acordo Geral de Tarifas Aduaneiras e Comércio (Gatt-1947 ou Gatt-1994), ou de uma combinação deste com o artigo 5 do Acordo Geral sobre Comércio de Serviços (Gats), ao passo que algumas dezenas tinham sido notificadas no âmbito da Cláusula de Habilitação ou desta junto com o artigo 5 do Gats.

O número de ARCs em vigor deve continuar crescendo nos próximos meses e anos, uma vez que diversos novos acordos comerciais estão em negociação. Do volume total de acordos regionais em operação, 90% correspondem a zonas de livre-comércio ou acordos preferenciais (ou seja, de liberalização parcial), sendo os 10% restantes sob a forma de uniões aduaneiras, na qual se encaixam os poucos acordos completos, ou mercados comuns, do tipo da União Europeia. A União Europeia (UE), justamente, era o bloco comercial com o maior número de ARCs em vigor (mais de três dezenas), a maior parte com parceiros em desenvolvimento; alguns desses acordos da UE tinham sido contraídos sob a forma de união aduaneira (com a Turquia, por exemplo, candidata a ingressar plenamente no bloco europeu). Outros países se destacavam nessa lista, entre eles o Chile (cobrindo, praticamente, todos os seus parceiros mais importantes), o México, o Japão e os próprios Estados Unidos, aliás um dos maiores concessionários, junto com a UE, de acordos preferenciais ao abrigo do Sistema Geral de Preferências (SGP); os Estados Unidos, em contrapartida, não haviam concluído nenhum acordo de união aduaneira, tendo sempre manifestado sua preferência exclusiva por acordos de livre-comércio. O Mercado Comum do Sul (Mercosul), nesse conjunto, possuía um reduzidíssimo número de

1 Verificar em: <http://www.wto.org/english/tratop_e/region_e/region_e.htm>. Acesso em: 16 fev. 2013.

2 Ver a lista completa dos acordos, por categoria, em <http://rtais.wto.org/UI/PublicAllRTAList.aspx>. Acesso em: 16 fev. 2013.

3 Todos os conceitos registrados neste livro são apresentados no Glossário.

4 Ver lista em: <http://ptadb.wto.org/ptaList.aspx>. Acesso em: 16 fev. 2013.

ARCs em vigor, entre eles um com a Índia e outro com Israel (país com o qual, aliás, a Venezuela, novo aderente ao bloco do Cone Sul, não possui sequer relações diplomáticas).

1.1 O regionalismo e a economia mundial

O regionalismo, ou seja, os acordos regionais de integração, não interessa apenas ao comércio internacional; eles são um componente indissociável da economia mundial contemporânea. Atualmente, e de forma crescente, grande parte do comércio internacional ocorre entre blocos comerciais ou em acordos regionais de integração, que constituem, assim, uma configuração relevante da história econômica das últimas décadas. A UE (que começou com seis membros nos anos 1950, e que hoje avança para três dezenas de países) constitui, obviamente, o exemplo mais evidente dessa evolução em direção ao regionalismo. Mas outras grandes economias vêm igualmente impulsionando acordos comerciais preferenciais, com seus vizinhos imediatos ou até com parceiros distantes: os Estados Unidos, por exemplo, fizeram inicialmente um acordo de livre-comércio com Israel (1985) e com o Canadá (1988), para depois negociar o Acordo de Livre-comércio da América do Norte (Nafta) em 1994, que uniu o México aos dois primeiros; mas eles também contraíram acordos comerciais com países tão distantes quanto a Austrália, a Coreia do Sul e diversos parceiros hemisféricos, como o Chile, a Colômbia e o Peru, além de todos os países caribenhos e centro-americanos.

No contexto sul-americano, o Mercosul se destaca como a mais importante tentativa de constituição de um mercado comum entre países em desenvolvimento, num modelo que se pretende tendencialmente similar ao europeu, embora não tenha conseguido ainda alcançar a etapa de uma união aduaneira completa; quaisquer que sejam suas vicissitudes atuais, ele deve constituir a base de um possível espaço econômico integrado na América do Sul, possuindo, inclusive, diversos outros acordos com parceiros distantes (África do Sul, Israel, Índia, entre outros). Na região asiática, a união da Associação das Nações do Sudeste Asiático (Asean) com a China promete abrir caminho a uma das maiores zonas de livre-comércio do mundo, podendo englobar outros vizinhos (como a Coreia do Sul e o Japão), ou até servir de base para uma área de preferência comercial com todos os membros da Asia-Pacific Economic Cooperation (Apec), a comunidade de cooperação de todos os países que margeiam o oceano Pacífico.

O quadro a seguir resume, sem ser exaustivo, o panorama atual dos mais importantes acordos regionais de comércio, numa ordem puramente alfabética, ou seja, sem considerar suas características intrínsecas (se simples acordos comerciais preferenciais, se zonas de livre-comércio ou mercados comuns) e sem se preocupar com sua cronologia estrita, bastando indicar, no momento, sua diversidade e sua amplitude geográfica:

Quadro 1.1 Os mais importantes acordos regionais de integração.

Acordo	Nome completo	Países-membros
Afta	Área de Livre-comércio da Asean	Brunei, Camboja, Cingapura, Filipinas, Indonésia, Laos, Malásia, Mianmar, Tailândia, Vietnã
Apec	Cooperação Econômica da Ásia Pacífico	Austrália, Brunei, Canadá, Chile, China, Cingapura, Coreia do Sul, Estados Unidos, Federação Russa, Filipinas, Hong Kong (China), Indonésia, Japão, Malásia, México, Nova Zelândia, Papua Nova Guiné, Peru, Tailândia, Taiwan, Vietnã
Cafta	Área de Livre-comércio da América Central	Costa Rica, El Salvador, Guatemala, Estados Unidos, Honduras, Nicarágua, República Dominicana
CAN	Comunidade Andina	Bolívia, Colômbia, Equador, Peru, Venezuela (decidiu aderir ao Mercosul)
Caricom	Comunidade e Mercado Comum Caribenho	Antígua e Barbuda, Bahamas, Barbados, Belize, Dominica, Granada, Guiana, Haiti, Jamaica, Monserrat, Trinidad e Tobago, São Cristóvão e Névis, Santa Lúcia, São Vicente e Granadinas, Suriname
Cefta	Acordo de Livre-comércio da Europa Central	Bulgária, Eslovênia, Hungria, Polônia, República Tcheca, República Eslovaca, Romênia
Cemac	Comunidade Econômica e Monetária da África Central	Camarões, Chade, Gabão, Guiné Equatorial, República Centro-Africana, República Democrática do Congo
CER	Closer Economic Relations (Acordo Comercial ANZ)	Austrália, Nova Zelândia
CIS	Comunidade dos Estados Independentes	Azerbaijão, Armênia, Bielorrússia, Cazaquistão, Federação Russa, Geórgia, Moldávia, República do Quirguistão, Ucrânia, Uzbequistão, Tadjiquistão,

Comesa	Mercado Comum da África Meridional e Oriental	Angola, Burundi, Comores, Djibuti, Egito, Eritreia, Etiópia, Quênia, Madagascar, Malaui, Maurício, República Democrática do Congo, Namíbia, Ruanda, Seicheles, Sudão, Suazilândia, Uganda, Zâmbia, Zimbábue
EAC	Comunidade Leste Africana	Quênia, Tanzânia, Uganda
Ecowas	Comunidade Econômica dos Estados da África Ocidental	Benin, Burkina Fasso, Cabo Verde, Gâmbia, Gana, Guiné, Guiné-Bissau, Costa do Marfim, Libéria, Mali, Níger, Nigéria, Senegal, Serra Leoa, Togo
EEA	Área Econômica Europeia	Islândia, Liechtenstein, Noruega, UE
Efta	Associação de Livre--comércio Europeia	Islândia, Liechtenstein, Noruega, Suíça
Emfta	Área de Livre-comércio Euro--Mediterrânea	Argélia, Autoridade Palestina, Chipre, Egito, Israel, Jordânia, Líbano, Malta, Marrocos, Síria, Tunísia, Turquia, UE
Gafta	Grande Área de Livre--comércio Árabe	Arábia Saudita, Barein, Egito, Emirados Árabes Unidos, Iêmen, Iraque, Jordânia, Líbano, Líbia, Kuwait, Marrocos, Omã, Palestina, Qatar, Somália, Sudão, Síria, Tunísia
GCC	Conselho de Cooperação do Golfo	Arábia Saudita, Barein, Emirados Árabes Unidos, Kuwait, Omã, Catar
MCCA	Mercado Comum Centro Americano	Costa Rica, El Salvador, Guatemala, Honduras, Nicarágua
Mercosul	Mercado Comum do Sul	Argentina, Brasil, Paraguai, Uruguai, Venezuela (pendente de cumprir requisitos)
Nafta	Acordo de Livre-comércio da América do Norte	Canadá, México, Estados Unidos
Sacu	União Aduaneira da África Meridional	África do Sul, Botsuana, Lesoto, Suazilândia, Namíbia
SADC	Comunidade de Desenvolvimento da África Meridional	África do Sul, Angola, Botsuana, Lesoto, Malaui, Maurício, Moçambique, Namíbia, República Democrática do Congo, Suazilândia, Seicheles, Tanzânia, Zâmbia, Zimbábue

Acordo	Nome completo	Países-membros
Safta	Área de Livre-comércio da Ásia do Sul	Bangladesh, Butão, Índia, Maldivas, Nepal, Paquistão, Sri Lanka
Sapta	Arranjo Preferencial de Comércio da Ásia do Sul	Bangladesh, Butão, Índia, Maldivas, Nepal, Paquistão, Sri Lanka
UE	União Europeia	Alemanha, Áustria, Bélgica, Bulgária, Chipre, Dinamarca, Eslovênia, Estônia, França, Espanha, Finlândia, Grécia, Hungria, Irlanda, Itália, Letônia, Lituânia, Luxemburgo, Malta, Países Baixos, Polônia, Portugal, Reino Unido, República Eslovaca, República Tcheca, Romênia, Suécia
Uemoa	União Econômica e Monetária da África Ocidental	Benin, Burkina Fasso, Costa do Marfim, Guiné Bissau, Mali, Níger, Senegal, Togo

Fonte: World Bank, *Global Economic Prospects:* Trade, Regionalism, and Development. Washington. DC: World Bank, 2005.

1.2 Acordos regionais preferenciais

Em todos os continentes, grupos de países se unem em acordos de liberalização comercial preferencial (em princípio discriminatórios, portanto) que ameaçam derrocar parcialmente as bases do sistema mundial de comércio, construído paulatinamente a partir do Gatt de 1947, ou pelo menos introduzir novas características em um sistema que se aproxima mais do plurilateralismo e do regionalismo que do tradicional multilateralismo.

Dentro desses blocos (que a rigor prometem observar as virtudes do regionalismo aberto, ou seja, não infringir demasiadamente as regras do comércio multilateral) o comércio passou a se dar em grande medida entre empresas do mesmo ramo, quando não entre filiais da mesma empresa, o que responde tanto aos interesses dessas empresas (de definir uma localização ótima para seus diversos produtos e processos, em função das vantagens comparativas e das dotações de fatores de cada local), como resulta no efeito econômico da supressão de barreiras, o que pode levar, mais do que à criação de comércio, ao desvio de comércio e de investimentos.

O que é o regionalismo aberto?

O chamado *open regionalism* é a capacidade que alguns blocos comerciais têm de contribuir mais com processos ulteriores de abertura econômica e de liberalização comercial que de servir à constituição de "fortalezas comerciais". O regionalismo aberto deveria começar pelo próprio perfil tarifário de cada bloco econômico, o que nem sempre é o caso. Focalizando, nessa rubrica, o nível médio das alíquotas aplicadas pelos diferentes acordos comerciais, constatamos que os impostos aduaneiros podem variar de um nível geral inferior a 5% *ad valorem*, encontrado no Nafta, ou pouco acima disso na área de livre-comércio da Asean (Afta), para mais de 12%, no Mercosul, e mais de 20% em certos arranjos da Ásia do Sul (na Sapta, por exemplo, envolvendo Índia e Paquistão, entre outros). Em outros termos, alguns blocos podem conduzir mais ao desvio que à criação de comércio, segundo os termos consagrados para identificar riscos e oportunidades dos acordos regionais de comércio.

Mas o regionalismo aberto também significa ir além da redução de tarifas, ou de medidas de fronteira, para envolver a redução ou eliminação de barreiras não tarifárias, facilitação de investimentos, regras comuns quanto a padrões industriais e outras medidas, todas num sentido potencialmente multilateralista (ou seja, normas suscetíveis de incorporar dispositivos de acordos setoriais administrados pela OMC, em lugar de servir de barreiras técnicas ou outros impedimentos ao comércio com terceiras partes. Ou seja, um bloco caracterizado) ou influenciado "filosoficamente", pelo regionalismo aberto pode preparar e antecipar a liberalização geograficamente mais ampla no plano multilateral.

É um fato, também, que a própria forma jurídica do bloco comercial pode ser mais ou menos aberta a terceiras partes: zonas de livre-comércio, por serem interpenetráveis, podem ser mais propícias ao regionalismo aberto do que as uniões aduaneiras ou os mercados comuns, que tendem (ou são praticamente "obrigados") a ser mais exclusivos e excludentes. De forma geral, quanto mais complexo e intrusivo for um bloco comercial, mais trâmites burocráticos são necessários para processar exportações e importações, o que diminui, talvez não proporcionalmente, a intensidade de comércio no perfil geral do país envolvido. Por isso mesmo, os economistas costumam chamar a liberalização unilateral e não negociada, ou seja, o livre-comércio autodefinido, de *first best* e nomear os blocos de integração como *second best* (em alguns casos, eles são até o *third best*). De toda forma, o assim chamado regionalismo aberto é mais teórico que real, pois a caracterização final de um bloco depende essencialmente das políticas efetivamente seguidas pelos seus membros.

Um volume significativo dos acordos regionais foi concluído entre países em desenvolvimento; os mais comuns dentre eles assumem, geralmente, a forma de arranjos preferenciais, ou seja, acordos parciais em sua cobertura aduaneira e bastante limitados do ponto de vista das tarifas aplicadas. Muitas vezes, esses acordos nem chegam a ser implementados na prática e, quando o são, seus efeitos reais sobre os fluxos de comércio são igualmente modestos. Com efeito, aqui é relevante informar que o funcionamento dos acordos regionais é muito mais efetivo quando eles são formados num sentido Norte-Norte ou mesmo Norte-Sul, do que na direção Sul-Sul, como se depreende do quadro abaixo:

Quadro 1.2 Parte do comércio interno no comércio total dos acordos preferenciais, 2008 (%).

ACORDOS REGIONAIS DE COMÉRCIO (Preferenciais)	COMÉRCIO INTRARREGIONAL		COMÉRCIO EXTRARREGIONAL	
	Export.	Import.	Export.	Import.
UE (27 países)	67	60	33	40
Nafta	49	33	51	67
Asean Free Trade Area	25	24	75	76
Mercosul	17	18	83	82
Aladi	16	18	84	82
Comunidade Andina	7	8	93	92

Fonte: World Trade Report 2011. The WTO and preferential trade agreements: From co-existence to coherence. Geneva: World Trade Organization, 2011. Disponível em: <http://www.wto.org/english/res_e/booksp_e/anrep_e/world_trade_report11_e.pdf>. Acesso em: 28 nov. 2012; Statistical Appendix, table 1: Merchandise Exports and Imports of Plurilateral Preferential Trade Agreements, 2008, p. 199-200. Disponível em: <http://www.wto.org/english/res_e/booksp_e/anrep_e/wtr11-3_e.pdf>. Acesso em: 26 nov. 2012.

Independentemente, porém, dos efeitos políticos ou econômicos das associações formais ou das coalizões informais entre Estados soberanos, não se pode desconhecer a importância do regionalismo, ou seja, dos acordos de integração, para a construção da interdependência econômica contemporânea, na verdade, para o estabelecimento da própria ordem política mundial. Os acordos comerciais de integração constituem, sem qualquer sombra de dúvida, um importante fenômeno da economia mundial e da própria história moderna. Como tal, é importante explicar, tanto no plano conceitual ou teórico como em perspectiva histórica, o funcionamento desses blocos regionais, que se tornaram, ao lado dos Estados soberanos, atores relevantes do mundo atual.

O significado desses acordos, em suas diferentes modalidades práticas, quais os seus impactos (tanto positivos, quanto negativos) nos fluxos globais de intercâmbio, sua importância para as políticas comerciais e industriais dos países que participam do sistema multilateral de comércio, a relação da tendência cada vez mais frequente ao regionalismo com a intensificação do processo mais amplo da globalização, todos esses conceitos e fenômenos complexos constituem o objeto do presente livro. Os temas em pauta nos diferentes capítulos pretendem oferecer argumentos explicativos e interpretativos, organizados segundo uma estrutura que foi concebida como uma introdução prática à compreensão de uma das mais intrigantes, e presentes, realidades do mundo econômico contemporâneo: a multiplicação de acordos preferenciais, processo que, segundo alguns, provocaria o desmantelamento do sistema multilateral de comércio e que, segundo outros, aceleraria, na verdade, as tendências à liberalização e expansão dos fluxos de bens e serviços, ao antecipar políticas de abertura em escala regional que mais adiante serão multilateralizadas no âmbito da OMC (Gatt, Gats, ou acordos plurilaterais).

1.3 Como surgiram, como funcionam e quais são os tipos?

Os objetivos principais deste livro são explicar como surgiram, como funcionam e quais são os tipos atuais de acordos regionais, qual seu papel no quadro do sistema multilateral de comércio e quais seus impactos, atuais e futuros, na economia mundial.

Em segundo plano, mas não menos importante, existem questões tanto teóricas [com relação à teoria do comércio internacional e às análises de economistas como Jacob Viner sobre os efeitos dessas derrogações à cláusula de nação mais favorecida (NMF) que representam os ARCs] como de cunho prático, que justificam um exame mais detalhado desses acordos nas estratégias de política comercial. Essas questões, por sua vez, têm muito a ver com as políticas industriais de países avançados e de países em desenvolvimento, como o Brasil, que participa de um dos mais importantes acordos existentes, o Mercosul. Tudo isso será abordado nos próximos capítulos.

Questões para discussão

1. Quais são os mais importantes acordos regionais de comércio que você poderia citar, pela sua dimensão econômica, volume de comércio e importância política?
2. Por que existem bem mais acordos de livre-comércio do que de união aduaneira, registrados na OMC? O que distingue uma forma da outra em termos de requerimentos próprios a cada um deles?
3. Você saberia dizer o que diferencia um simples acordo preferencial de comércio de uma união econômica, do ponto de vista da escala ou da profundidade da integração? Quantos passos seriam necessários para passar de um para outro tipo de integração?
4. Você acha que o mundo vai continuar se "dividindo" em blocos comerciais? Isso seria positivo para a economia mundial ou poderia representar um problema para o sistema multilateral de comércio? Como fazer para compatibilizar esse fenômeno recorrente do mundo atual com o funcionamento adequado deste último?

Para saber mais

ALMEIDA, Paulo Roberto de. *Relações internacionais e política externa do Brasil:* a diplomacia brasileira no contexto da globalização. Rio de Janeiro: LTC, 2012.

________. *Globalizando:* ensaios sobre a globalização e a antiglobalização. Rio de Janeiro: Lumen Juris Editora, 2011.

MENEZES, Alfredo da Mota; PENNA FILHO, Pio. *Integração regional:* os blocos econômicos nas relações internacionais. Rio de Janeiro: Elsevier, 2006.

Capítulo 2

O CONCEITO DE REGIONALISMO E OS PROCESSOS DE INTEGRAÇÃO

A conformação de blocos, em especial no terreno do comércio, não constitui, obviamente, um fenômeno novo, ou recente, na história mundial. Alianças, pactos, ligas e uniões entre países ou Estados vizinhos (ou até separados geograficamente, mas vinculados por interesses comuns) são tão frequentes quanto os enfrentamentos bélicos e os acordos de amizade e de defesa mútua, que foram concertados ao longo dos séculos por soberanos interessados em promover a segurança e a prosperidade de suas nações ou em defendê-las de inimigos potenciais. No plano estrito da segurança estratégica, desde a Liga Ateniense, na Grécia Antiga, até a Organização do Tratado do Atlântico Norte (Otan), no imediato pós-Segunda Guerra Mundial, passando pela frustrada Comunidade de Defesa Europeia (CDE), são abundantes os exemplos de coalizões formais ou informais entre Estados soberanos, destinadas a estabelecer vínculos mais sólidos de cooperação entre eles ou mesmo de caminhar no sentido da integração entre seus respectivos sistemas econômicos e até políticos.

No plano econômico, mais especificamente, podem ser registrados, também, exemplos antigos de ligas e uniões que visavam à concessão de privilégios, tais como acesso a mercados e isenções de impostos e tarifas, os quais redundavam em benefícios para os membros. Essas vantagens não eram, por definição, extensíveis a terceiros, segundo a noção, igualmente antiga, da nação mais favorecida, nem eram limitadas a países soberanos, na definição estrita do nome. O registro mais antigo (ainda que no terreno de uma associação de defesa de seus interesses corporativos) é o da Liga Hanseática (Hansa), uma aliança de mercadores das cidades-estados do Mar do Norte e do mar Báltico, com seu centro na cidade alemã de Lübeck, que manteve um extenso monopólio sobre o comércio naquela região por um período de tempo suficientemente largo, praticamente do final da Idade Média (século XIII) até quase o fim do antigo regime (século XVIII).

Os holandeses, excluídos da Hansa (guilda), desafiaram-na pela abertura de novas rotas de comércio (e pela agressividade na construção naval e na conformação de instrumentos de comércio inovadores, como os mercados de futuros) assim como no estabelecimento de extensas redes de financiamento do intercâmbio que lhes deram a primazia do comércio marítimo no início da era moderna, até serem, a seu turno, desafiados pelos ingleses, provando que guerras comerciais, e suas consequências militares não representam nada de fundamentalmente novo na história econômica mundial. De certa forma, as guerras púnicas, pelas quais Roma desafiou (e conquistou dos cartagineses) o primeiro império marítimo conhecido na Antiguidade, também representaram uma luta pela supremacia nas rotas de comércio do mar Mediterrâneo.

No plano mais concreto da integração comercial, o exemplo histórico mais conhecido é o da aliança tarifária concertada entre diversos Estados alemães setentrionais, que fortaleceu os fluxos de comércio na região, ao mesmo tempo que colocou as bases do que viria a ser conceitualmente conhecido como "união aduaneira". Criado em 1834, o Zollverein foi ampliado gradativamente até incluir a Áustria, contra a qual a Prússia estava em conflito, perdendo sentido com a unificação da Alemanha em 1871. Tratava-se de uma espécie de ferramenta fiscal, pela qual se estimulavam a economia e o comércio entre os participantes, sem provocar uma guerra comercial entre eles no plano externo e garantindo a arrecadação eficiente de recursos provenientes do comércio exterior, em bases uniformes e unificadas. Outros países, nessa mesma época, caminharam igualmente no sentido de sua unificação aduaneira, como a Confederação Helvética (1848) e a Itália (1860). O Brasil imperial mantinha acordos de comércio com diversas cidades-estados da velha Hansa (formalmente terminada apenas em meados do século XIX) que depois foram sendo modificados, à medida que essas entidades aduaneiras independentes aderiam ao Zollverein.

2.1 Parceiros voluntários

Os blocos econômicos e comerciais se destinam, justamente, a permitir cooperação entre parceiros voluntários (obviamente, não se fala da "união" que se funda na dominação direta ou indireta de uma comunidade por outra) e, numa etapa mais avançada, estabelecer as bases de um processo de integração entre esses parceiros (que não precisam ser geograficamente contíguos, embora esta seja a forma mais comum de integração). A metodologia adotada nesses esquemas é a da eliminação recíproca de barreiras tarifárias e não alfandegárias entre os membros, seguida da definição de regras de acesso e outras normas que visam estimular a complementaridade entre suas respectivas economias, mesmo sob risco de desvio ou discriminação em relação a terceiros.

Geralmente, essas trocas de privilégios, ou concessões recíprocas, se fazem entre parceiros geograficamente próximos, mais frequentemente entre países limítrofes, daí o nome de regionalismo aplicado a esses acordos de comércio preferencial entre vizinhos de uma mesma região. Trata-se, obviamente, de uma iniciativa que responde à lógica da economia e ao interesse nacional dos países envolvidos nesse tipo de acordo, já que eles realizam, naturalmente, o comércio recíproco, por que não avançar e abolir algumas das barreiras (usualmente de caráter fiscal ou claramente protecionista) que limitam o crescimento do comércio entre eles?

Esta era, claramente, a realidade que caracterizava a situação dos intercâmbios entre países contíguos da Europa Ocidental que, antes mesmo da assinatura dos acordos de Roma que criaram o primeiro embrião do mercado comum europeu, já realizavam mais de 50% de seus volumes respectivos de comércio exterior reciprocamente, ainda que em intensidades variáveis; as trocas entre a Bélgica, os Países Baixos e Luxemburgo, por exemplo, já eram maioria absoluta de seus intercâmbios globais, o que explica, inclusive, que eles tenham conformado, ainda antes da Comunidade Europeia do Carvão e do Aço (Ceca) em 1951 e da Comunidade Econômica Europeia (CEE) em 1957, um acordo de união aduaneira que ficou conhecido pelo acrônimo da junção dos nomes desses países: Benelux (1944 e 1947). Assim, muito tempo antes que a CEE conseguisse atingir a etapa de um mercado comum verdadeiramente unificado (1993), os três membros menores da ex-CEE, logo transformada em União Europeia (UE), já não possuíam nenhum tipo de barreira comercial ou para o trânsito de pessoas nos seus territórios, verdadeiramente unificados no plano da livre mobilidade de fatores. Tratou-se, no caso do Benelux, da mais perfeita aplicação do regionalismo que se poderia conceber.

2.2 O novo regionalismo

No entanto nem todo bloco comercial, ou acordo "regional", precisa ser feito entre países geograficamente contíguos, sequer da mesma região. O mundo contemporâneo avançou para "zonas de livre-comércio" absolutamente separadas no espaço, como é o caso do "acordo regional" entre os Estados Unidos e Israel, separados por milhares de quilômetros de distância. Da mesma forma, na Ásia-Pacífico, os acordos de preferência comercial que estão sendo implementados no âmbito da Associação das Nações do Sudeste Asiático (Asean), e desta com outros países da região (como a China), mobilizam países continentais e grandes ilhas do oceano Pacífico que sequer possuem a vantagem europeia da contiguidade nos transportes e comunicações.

Em outros termos, o novo regionalismo obedece muito mais a critérios de conveniência política do que a razões de ordem prática, que seriam aquelas derivadas da proximidade geográfica e da contiguidade territorial (como é o caso, da própria Europa Ocidental e da América do Norte). Aliás, com os progressos das comunicações, tanto no plano dos transportes, como nas comunicações, estrito senso, a vizinhança geográfica torna-se relativa, uma vez que os novos intercâmbios globais passam a concentrar "volumes" cada vez maiores de serviços, muitos deles intangíveis, ou seja, prescindindo totalmente de uma prestação local ou presencial (como podem ser, entre outros, os serviços financeiros, as consultorias especializadas, a contabilidade digital ou a criação e venda de produtos eletrônicos, como os jogos on-line e os e-books).

Se o novo regionalismo já não é mais exatamente "regional", embora se deva reconhecer que a proximidade geográfica ainda é o principal estímulo para a assinatura dos acordos de liberalização comercial, a própria compreensão do que seja integração vem sofrendo novas interpretações nas últimas décadas, deixando motivações puramente políticas, ou estatais, para assumir uma natureza propriamente econômica, mais exatamente de cunho empresarial. Até o final da Guerra Fria, praticamente, os acordos de integração correspondiam a um movimento essencialmente político, ou seja, uma decisão estatal e "dirigista", tendente a conformar blocos preferenciais uniformes para atingir objetivos essencialmente geopolíticos, num mundo ainda caracterizado pela preeminência indisputada dos Estados nacionais (ou seja, marcado pelos princípios tradicionais da soberania estatal).

Desde o final do socialismo e o desenvolvimento do que se convencionou chamar de "terceira onda da globalização", os acordos regionais de "integração" obedecem mais à lógica dos investimentos privados que propriamente aos projetos nacionais de natureza geopolítica.

Uma breve reconstituição do processo de integração europeu (o mais sofisticado, mais diversificado e avançado de todos os exemplos conhecidos) permite ilustrar esse ponto, ou seja, a transição de um modelo político de integração para esquemas mais flexíveis, nitidamente talhados para adaptar-se aos mercados.

Com efeito, o primeiro projeto "regional" de "integração" entre os seis membros originais (os mesmos que estariam unidos seis anos mais tarde nos tratados de Roma, da CEE), da Ceca (estabelecido pelo Tratado de Paris de 1951), visava principalmente eliminar as fontes possíveis de novos conflitos militares entre os dois países mais importantes (a Alemanha e a França), e não apenas realizar a complementaridade econômica recíproca, nos setores da mineração carbonífera e da siderurgia.

Quem quer que leia o famoso Memorando Monnet (nome do ministro das Relações Exteriores da França, em 1950) não pode deixar de registrar a tremenda insegurança geopolítica vivida então pela França diante da possibilidade de uma Alemanha restaurada em seu poderio econômico e suscetível, portanto, de se lançar pela quarta vez (depois dos empreendimentos militares feitos em 1870, em 1914 e em 1940) à conquista de sua vizinha.

A "desnacionalização" das principais fontes do poderio militar alemão, o carvão e o aço, parecia essencial a Jean Monnet para assegurar a paz (senão duradoura, ao menos prolongada) entre os dois principais protagonistas das guerras devastadoras que arruinaram o continente europeu na primeira metade do século XX (os historiadores chamaram as duas guerras nas quais se enfrentaram esses países de "segunda Guerra de Trinta Anos").

As etapas seguintes do processo de integração também seguiram as preocupações, sobretudo políticas, dos países europeus na conformação de um bloco integrado economicamente, mas coordenado politicamente, no contexto da Guerra Fria, que confrontava o modelo capitalista de mercado (com alguma predominância estatal no caso europeu) ao modelo socialista de "integração" pelo planejamento centralizado. Foi para sustentar a recuperação europeia e sua união política, ao abrigo dos esquemas de "integração" militar que tinham a Otan em seu centro, que os Estados Unidos consentiram em abrir generosamente seus mercados aos produtos europeus e em admitir a discriminação implícita ao protecionismo europeu (em especial na área agrícola) sem exigir reciprocidade estrita ou e sem criar conflitos comerciais no âmbito do Acordo Geral de Tarifas Aduaneiras e Comércio (Gatt).

O apoio americano à integração regional europeia começou, aliás, antes de serem traçados os primeiros tratados e instrumentos constitutivos dos esquemas europeus que se tornariam famosos a partir dos anos 1950: já em 1947, o Plano Marshall (esquema generoso de apoio financeiro, de equipamentos e de materiais diversos) pressupunha a união dos países europeus candidatos a participar do programa de recuperação em um esquema de coordenação e de troca de informações que já implicava uma forma política de integração de mercados.

Foi assim que nasceu a Organização Europeia de Cooperação Econômica (Oece) em 1948 [embrião da futura Organização para a Cooperação e Desenvolvimento Econômico

(OCDE) em 1960] que se estendeu igualmente a um Sistema Europeu de Pagamentos (também generosamente financiado pelos Estados Unidos durante a chamada fase de "penúria de dólares"). O intercâmbio de estatísticas econômicas e a coordenação das políticas nacionais de recuperação e de crescimento foram absolutamente estratégicos na aproximação dos países da Europa Ocidental em direção não apenas da interdependência econômica que constitui a marca por excelência da OCDE (atualmente com 34 países-membros), como também a base essencial dos esquemas de integração política e econômica que se seguiriam no decurso da década seguinte, e que frutificariam substancialmente nas três décadas subsequentes.

Os Estados Unidos, mesmo não seguindo o exemplo europeu de políticas econômicas moldadas segundo padrões intervencionistas e dirigistas (de estilo keynesiano e deliberadamente orientadas a construir o Estado de bem-estar), não deixaram de apoiar os esforços de integração europeia, que viam como um reforço importante no quadro da Guerra Fria e do enfrentamento ideológico contra o inimigo estratégico, insistindo justamente na racionalidade superior e na maior eficiência das economias de mercado (ainda que não tão liberais e abertas quanto o pretendido pelas políticas multilateralistas de interdependência econômica e de livre-comércio preconizadas por Washington). Assim, a despeito de enfrentarem barreiras nos mercados europeus, japonês e latino-americano, os Estados Unidos nunca moveram reclamações ou processos contra os esquemas de integração no âmbito do Gatt, contentando-se com rusgas tópicas a propósitos de mercados específicos (e isso sob pressão de suas indústrias ou produtores de commodities agrícolas), terminando, a partir de certa etapa, por aderir aos mecanismos subvencionistas e protecionistas de inspiração europeia.

2.3 O papel dos mercados nos processos de integração

Os processos de constituição de blocos econômicos e de construção de esquemas integracionistas com base no modelo europeu (ainda quando imitados precariamente na América Latina, como visto nos exemplos da Associação Latino-Americana de Livre-comércio (Alalc) em 1960 e do Grupo Andino em 1969) avançaram relativamente pouco nos anos 1970 e 1980. Para isso contribuíram as crises do petróleo e o rompimento do sistema de Bretton Woods em 1973, que atrasaram tanto a continuidade dos esforços de liberalização no âmbito do sistema multilateral de comércio, como a criação de uma moeda única europeia, já prevista no projeto dos seis membros originais desde o final dos anos 1960.

Com efeito, o afastamento unilateral dos Estados Unidos de suas obrigações contraídas ao abrigo do convênio constitutivo do Fundo Monetário Internacional (FMI), em 1944 (tendentes a garantir o padrão de troca ouro-dólar e a estabilidade das paridades cambiais), dinamitou qualquer perspectiva de cooperação econômica mundial, assim como dificultou enormemente a coordenação das políticas macroeconômicas no seio do esquema europeu.

Os países em desenvolvimento continuavam lutando contra regras muito amplas de liberalização comercial e de abertura aos investimentos, logrando em 1979, no quadro da Rodada Tóquio do GATT, um entendimento segundo o qual poderiam contrair entre si (sem necessidade de estendê-los às demais partes contratantes ao Gatt) acordos parciais e limitados de preferências tarifárias (Cláusula de Habilitação), sem que, no entanto, tal disposição fosse incluída no Acordo Geral, com o mesmo estatuto do Artigo XXIV, que regula o funcionamento das zonas de livre-comércio e das uniões aduaneiras.

As etapas seguintes dos processos de integração foram mais dominadas pelos mercados que propriamente pelos governos. Após o esforço europeu para dar novo conteúdo político ao esquema iniciado nos anos 1950 (mediante o Ato Único de 1986, que previa a unificação completa dos mercados num espaço de seis anos) os movimentos seguintes, em diversos continentes, foram na verdade modelados preferencialmente num espírito de livre comércio e não segundo a arquitetura do mercado comum. Os mercados passam a impor suas exigências aos governos, num grau superior ao que estes impunham suas regras às empresas e investidores privados; mesmo os agentes institucionais passaram a pautar suas decisões de governança econômica com base em critérios de mercado numa intensidade superior ao que foi praticado nos anos de keynesianismo triunfante (em especial nos países avançados) e de demandas por uma "nova ordem econômica internacional" (por parte dos países em desenvolvimento).

O movimento, aliás, começou pelos próprios Estados Unidos, que, abandonando parcialmente a postura estritamente multilateralista mantida durante a primeira fase do pós--Segunda Guerra Mundial, começaram a se orientar por princípios mais pragmáticos de livre-comércio em escala "minilateralista", ou até bilateral.

O passo inicial foi dado com Israel, em 1985, por meio de um acordo de livre-comércio que tinha, porém, maior significado político do que propriamente comercial (pelo menos do ponto de vista americano).

Mas, impacientes com os lentos avanços das negociações multilaterais no âmbito do GATT, em especial a reduzida disposição dos europeus e dos demais parceiros em aprofundar as reduções de barreiras e abrir discussões sobre os novos temas dos serviços, dos investimentos e da propriedade intelectual, os americanos propuseram logo em seguida aos canadenses ampliar o acordo setorial automotivo de 1965, estendendo o princípio do livre-comércio ao conjunto dos bens intercambiados entre as duas economias anglo-saxãs da América do Norte.

O acordo foi fechado em 1988, para entrar em vigor no ano seguinte, quando o México solicitou, e obteve, a abertura de negociações tripartites, processo finalizado em 1993 sob a forma do Acordo de Livre-comércio da América do Norte (Nafta), unindo as três economias num vasto esquema liberalizador, que compreendia não apenas bens, mas igualmente serviços, investimentos e propriedade intelectual.

Foi nessa conjuntura que começaram a se desenhar inúmeros outros acordos de livre-comércio ao redor do mundo (logo unificado sob regras geralmente capitalistas, com a implosão das economias socialistas e do próprio império soviético) ou de liberalização parcial dos intercâmbios, como no contexto geográfico da Ásia.

Na América Latina, onde fracassou o projeto de uma zona unificada de livre-comércio ao abrigo do primeiro tratado de Montevidéu, que criou a Alalc, em 1960, ocorreu sua substituição pelo segundo tratado de Montevidéu, em 1980, prevendo um simples esquema de acordos preferenciais parciais, no quadro da Associação Latino-Americana de Integração (Aladi), o que não impediu a proliferação de acordos sub-regionais modelados em alguns casos segundo uma arquitetura de união aduaneira: foi o caso do Grupo Andino, que evoluiu para a Comunidade Andina de Nações (CAN) em 1996 e, sobretudo, do esquema bilateral Brasil-Argentina, iniciado segundo uma estrutura de protocolos setoriais em 1986, para logo resultar num tratado de integração (1988) que prometia um mercado comum em dez anos; esse projeto foi parcialmente modificado por um esquema acelerado de liberalização comercial bilateral, em 1990, para logo em seguida converter-se no Mercosul (1991), unindo o Paraguai e o Uruguai às duas maiores economias da América do Sul. Outros arranjos bilaterais ou plurilaterais de livre-comércio ou de simples liberalização parcial (preferências tarifárias) também se desenvolveram na América Latina e em outras regiões a partir da mesma época.

É relevante notar que, em suas diversas modalidades, os processos de integração têm sido impulsionados, na maior parte dos casos, por investimentos privados e pelo crescimento do comércio segundo configurações microeconômicas tomadas pelas empresas em função dos mercados, e não determinados pelas decisões de burocratas governamentais. Mesmo no caso europeu, o exemplo mais conspícuo de tecnocracia comunitária, a motivação dos acordos adotados a partir dos anos 1990 foi claramente no sentido de romper barreiras e unificar mercados, para atender as necessidades de economia de escala e de ampliação dos mercados das empresas privadas, rompendo, inclusive, com monopólios estatais e reservas nacionais longamente mantidas.

O sistema multilateral de comércio também teve algum progresso, depois de certa estagnação nos anos 1980, o que levou alguns a proclamarem a crise do multilateralismo e a adoção de esquemas mais limitados de liberalização comercial e de abertura econômica (eventualmente tentados no âmbito da OCDE, por exemplo, por meio de uma negociação frustrada em favor de um Acordo Multilateral de Investimentos). O fato é que, depois de atrasos negociadores e delongas políticas, as partes contratantes ao Gatt conseguiram fechar um acordo abrangente no âmbito da Rodada Uruguai, que redundou na criação da Organização Mundial de Comércio (OMC) em 1993. A criação da OMC e a restruturação do acordo geral de comércio, o Gatt-1994, significaram também um novo entendimento para os acordos regionais de comércio, com algumas regras mais estritas para sua formação, e a constituição de um Comitê de Acordos Regionais, que passou a supervisionar as atividades e o funcionamento desses esquemas, em suas diversas formas, com o objetivo de atender padrões mínimos de conformidade com as cláusulas principais do sistema multilateral de comércio.

Quadro 2.1 Rodadas de negociações comerciais multilaterais, Gatt e OMC.

ANO(s)	LOCAL DE LANÇAMENTO / DE NEGOCIAÇÃO	TÓPICOS EM NEGOCIAÇÃO	RED. DE TARIFAS (%)	Nº DE PAÍSES
1947	Genebra	Tarifas	19	23
1949	Annecy	Tarifas	2	13
1951	Torquay	Tarifas	3	38
1956	Genebra	Tarifas	2	26
1960-61	Genebra / Rodada Dillon	Tarifas	7	26
1964-67	Genebra / Rodada Kennedy	Tarifas e medidas antidumping	35	62
1973-79	Genebra / Rodada Tóquio	Tarifas, barreiras não tarifárias	34	102
1986	Punta del Este / Genebra / Rodada Uruguai	Tarifas, barreiras não tarifárias, normas, serviços, têxteis, agricultura, propriedade intelectual, arbitragem, criação da OMC etc.	40	123
2001-atual	Genebra / Rodada Doha	(Todos)	?	155

Fonte: Baseado em dados da OMC: *The Gatt years: from Havana to Marrakesh*. Disponível em: <http://wto.org/english/thewto_e/whatis_e/tif_e/fact4_e.htm>. Acesso em: 28 nov. 2012; complementado pelo autor.

Questões para discussão

1. Quais antecedentes históricos podem ser identificados como predecessores dos atuais blocos de integração econômica?
2. O que poderia distinguir as antigas associações entre Estados dos modernos processos de integração econômica?
3. O que existiria de especificamente "regional" num bloco de integração? Seria esse um requerimento indispensável à constituição de um modelo de integração?
4. Quais impulsos estatais ou, em outra vertente, essencialmente privados estariam na origem desses processos?

Para saber mais

ALMEIDA, Paulo Roberto de. *Formação da diplomacia econômica no Brasil:* as relações econômicas no Império. 2. ed. São Paulo-Brasília: Senac-Funag, 2005.

_______. *O Brasil e o multilateralismo econômico.* Porto Alegre: Livraria do Advogado, 1999.

AMARAL JR. Alberto do (org.). *OMC e comércio internacional.* São Paulo: Aduaneiras, 2002.

LESSA, Antonio Carlos. *A construção da Europa:* a última utopia das relações internacionais. Brasília: Ibri-Funag, 2003.

PIO, Carlos. *Relações internacionais:* economia política e globalização. Brasília: Ibri-Funag, 2002.

VIOLA, Eduardo; LEIS, Héctor Ricardo. *Sistema internacional com hegemonia das democracias de mercado:* desafios de Brasil e Argentina. Florianópolis: Insular, 2007.

Capítulo 3

POR QUE ACORDOS REGIONAIS? PARA QUE INTEGRAÇÃO ECONÔMICA?

Existem diferentes motivos que explicam por que dois (ou mais) países soberanos, possuindo histórias diversas e conformações econômicas e políticas distintas, decidem aproximar-se nessas duas vertentes principais e intensificar os intercâmbios que podem se exercer livremente entre eles por meio da abolição de diferentes tipos de barreiras que existem e da facilitação do comércio em todos os níveis..

Ao empreender acordos de integração, eles o fazem, presumivelmente, visando maior prosperidade recíproca, melhores possibilidades de crescimento, ampliação dos negócios conjuntos de suas empresas competitivas e, mais importante, objetivando o bem-estar ampliado de sua população. As motivações principais são geralmente de ordem econômica, mas também existem poderosas razões de ordem cultural, social e política que induzem os dirigentes desses países a que, em certo contexto histórico e numa determinada conjuntura política, passem a adotar o caminho da integração, em contraste com um itinerário puramente autárquico ou de desenvolvimento independente que eles poderiam continuar seguindo, num mundo que, desde os tratados de Vestfália (1648), é caracterizado pelo princípio da soberania absoluta das nações.

A integração econômica é, sem dúvida alguma, o mais forte dissuasor de conflitos e de enfrentamentos militares entre nações soberanas. Esse talvez seja o principal motivo que esteve na origem da integração europeia, o mais bem-sucedido exemplo de dissolução de soberanias no âmbito de um dos mais ambiciosos experimentos de integração econômica já conhecido, ainda que não isento de problemas e dificuldades. O experimento europeu de integração é certamente o mais completo do gênero até agora visto no mundo, seguindo-se, paradoxalmente, a uma história repleta de conflitos sangrentos e de enfrentamentos desastrosos que retiraram a Europa Ocidental do centro do mundo, posição que ela ocupou por quase cinco séculos a partir dos descobrimentos.

Com efeito, desde as guerras que cercaram quase todos os processos de construção dos Estados nacionais europeus, nos séculos XIV a XVII e até os dois grandes conflitos globais do século XX, passando pelas guerras de religião do século XVI, pelas guerras dinásticas dos séculos XVII e XVIII, pelas guerras napoleônicas do final do século XVIII e início do XIX, a Europa foi atravessada por enfrentamentos devastadores, quase tão calamitosos, no plano da demografia, como foram certas epidemias medievais. A integração econômica europeia, iniciada pelo carvão e pelo aço em 1951, representou uma resposta política, lúcida, sem dúvida, mas também respondendo ao interesse nacional francês, a esse itinerário de conflitos intermináveis e de lutas em busca de uma hegemonia ilusória.

Mas essa é uma razão excepcional, e bastante rara historicamente, no quadro dos motivos de natureza essencialmente econômica que cercam a maior parte das decisões em prol da liberalização comercial e da abertura econômica recíproca, e que estão na origem de todos os demais acordos regionais de integração econômica. Ainda que existam motivos muito fortes, de ordem puramente econômica, que possam motivar dois (ou mais) países a desmantelarem barreiras recíprocas (entre eles economias de escala, ampliação de mercados, maior eficiência produtiva e transferências de tecnologia) e darem início a um processo consistente de integração, a "lógica da integração" costuma obedecer a uma mistura de fatores políticos, econômicos e sociais, que por sua vez respondem a estímulos internos e externos à sua consecução, tudo isso no quadro de um contexto histórico determinado, que pode ajudar a explicar por que naquele momento, exatamente, e não em outros, se decidiu abandonar o caminho independente e adotar a cessão parcial ou mais ampla da soberania nacional.

3.1 Os motivos da integração econômica

Vamos examinar cada um dos conjuntos de motivos que induzem países soberanos à integração econômica, que podem desdobrar-se numa vertente política, também, como visto no exemplo europeu, mas antes caberia insistir nesse aspecto crucial do fenômeno, que merece ser sublinhado: todo e qualquer processo de integração, mesmo os mais modestos esquemas de desgravação, limitados apenas a poucas barreiras comerciais, envolvem uma perda, pelo menos parcial, da soberania estatal (como ocorre, aliás, com todo e qualquer tratado internacional, bilateral ou multilateral).

Nos tratados internacionais de caráter geral, os Estados se obrigam a cumprir certas regras de convivência, de respeito mútuo, de cooperação, de promoção conjunta de determinadas atividades, de prevenção e defesa contra problemas globais etc.; ou seja, eles renunciam a determinadas ações em nome de um benefício comum, mesmo quando isso significa alguma perda econômica parcial para a sua economia ou seus cidadãos.

A renúncia de soberania implícita em certos tratados internacionais pode, inclusive, atingir aspectos cruciais da defesa nacional, como seria o caso da dissuasão nuclear, ou, mais exatamente, do armamento nuclear. Por que um Estado renuncia ao desenvolvimento e detenção de armas nucleares, quando se trata, obviamente, de um equalizador efetivo de potenciais militares desiguais, de um poderoso dissuasor de qualquer grande agressão, de uma garantia para não ser submetido a pressões indevidas ou ataques comprometedores justamente da soberania nacional?

A vasta maioria dos Estados nacionais o fez aderindo ao Tratado de Não Proliferação Nuclear (TNP-1968), que foi durante muito tempo recusado por militares e diplomatas brasileiros, pois o consideravam iníquo e discriminatório porque garantia o monopólio do armamento nuclear para apenas cinco potências legalmente reconhecidas como detentoras legítimas. Trata-se, nesse caso, de um cálculo de menor custo econômico para os países renunciantes, em diversas ferramentas da panóplia militar, e não apenas na nuclear, e, na outra ponta, de maiores garantias indiretas de não agressão, ao se posicionarem num dos lados da equação estratégica que não exige dispositivos e doutrina compatíveis com essa arma de última instância; existem também outros fatores ligados ao acesso a determinadas tecnologias sensíveis, que exigem certo grau de confiança nos parceiros envolvidos em determinados esquemas de cooperação estratégica.

No caso dos acordos de integração, a perda de soberania significa a limitação de opções na implementação e aplicação de medidas internas de política comercial, de política industrial, de uma série de outras medidas setoriais e até de políticas macroeconômicas, em favor de um objetivo maior, considerado mais relevante que a preservação da liberdade estatal para decidir soberanamente sobre a natureza e a oportunidade de adotar políticas públicas em completa independência quanto aos efeitos dessas medidas nas relações externas. Vejamos quais são os efeitos mais importantes da adesão a um bloco comercial no plano das políticas públicas.

3.2 Os efeitos negativos da adesão a um bloco comercial

O Estado renuncia a certos montantes de receitas fiscais e outros tributos aplicados ao comércio exterior, e essas renúncias podem ser importantes nos países muito dependentes de tributos nessa área, economias pequenas, por exemplo, de baixa renda *per capita*, sem base econômica tributável internamente ou com rendas públicas muito dependentes do turismo e do comércio internacional, justamente.

O Estado também abandona a capacidade de decidir sozinho sobre uma série variável de políticas macroeconômicas e setoriais que afetam o perfil e o funcionamento da área de integração à qual passa a pertencer, podendo, inclusive, ficar sem instrumentos à disposição caso tenha de enfrentar algum desafio externo na área cambial ou monetária; na maior parte dos casos, ele não pode mais decidir sozinho sobre as alíquotas tarifárias ou sobre negociações comerciais externas, bilaterais ou no âmbito de organismos internacionais; em alguns casos, até a independência na política cambial fica prejudicada, o que pode comprometer sua capacidade de responder a determinados desafios externos afetando os mais importantes elementos do balanço de pagamentos, e até mesmo dificultar o restabelecimento dos equilíbrios que precisam ser observados entre as transações correntes, ou seja, importação e exportação de bens e serviços, e a balança de capitais (movimentos autônomos de capitais ou financiamentos compensatórios).

Outros impactos de natureza econômica se exercem no plano microeconômico, ou seja, na capacidade de competição das empresas nacionais em face da abertura dos mercados a concorrentes estrangeiros mais bem posicionados na escala tecnológica ou dispondo de melhores condições no local de produção para oferecer produtos mais baratos e de qualidade superior. A integração, dependendo de sua intensidade ou profundidade, ou seja, quantos setores ela é capaz de afetar, simultânea ou sucessivamente, vai expondo as empresas (indústrias, produtores agrícolas, provedores de serviços etc.) a graus variados de competição e determinando, assim, quais conseguirão sobreviver, e até prosperar, no novo ambiente de negócios, e quais terão de se adaptar produtivamente, se associar ao concorrente estrangeiro ou então se reconverter para poder enfrentar a nova situação e não desaparecer.

Muitos agentes econômicos, empresários agrícolas e industriais, em primeiro lugar, lamentam que possa ocorrer o fechamento de empresas e o desemprego de trabalhadores, o que realmente tem chances de acontecer em setores ou empresas específicas. Sem dúvida, não é um cenário economicamente agradável ou politicamente desejável, pois empresários e trabalhadores são eleitores e constituem grupos de interesse que podem rapidamente mobilizar-se para exercer pressão contra as medidas de abertura. Mas esse cenário pode, sim, ocorrer, tanto mais rapidamente quanto mais intenso (ou seja, a velocidade da liberalização), mais extenso (em termos de cobertura setorial) ou profundo (importância das reduções concedidas) for o processo de integração.

Esse tipo de impacto no plano produtivo setorial deve, a rigor, figurar entre os fatores negativos de qualquer processo de integração, e é o que explica, por exemplo, que, a cada discussão para a aprovação de um novo acordo de livre-comércio, o Congresso americano sempre acabe aprovando, simultaneamente, alguma medida de subsídio setorial cujo objetivo é paliar os impactos setoriais da abertura concedida, em geral sob a forma de mais dotações orçamentárias para o treinamento e requalificação de trabalhadores potencialmente deslocados pelo acordo comercial.

Na verdade, os governos também contam com economistas sensíveis a argumentos racionais, parece que todo economista sensato é, em princípio, favorável ao livre-comércio, com a possível exceção dos desenvolvimentistas cepalinos, e no cálculo dos custos e benefícios de toda e qualquer decisão em favor de um processo de integração, esses economistas se renderam às evidências teóricas e empíricas indicativas de que os acordos de integração (na verdade, *mercantilismo* bem administrado) são mais positivos que prejudiciais às economias envolvidas. Quais são, portanto, os argumentos econômicos em favor da integração e que motivam, aparentemente, os governos a se decidirem por assinar esses acordos comerciais?

3.3 Benefícios da integração

Os argumentos a favor da integração, ou seja, da redução de barreiras comerciais e da implementação de diversas outras medidas de abertura econômica recíproca, podem ser tanto teóricos quanto práticos. Especialistas em comércio internacional costumam apresentar os ganhos líquidos advindos de um processo de integração econômica, geralmente no formato de uma zona de livre-comércio, mas igualmente sob formas mais avançadas (a união aduaneira ou o mercado comum), como resultantes dos seguintes fenômenos complexos:

1. maior eficiência na produção, por meio da especialização crescente dos agentes econômicos segundo suas vantagens comparativas ou competitivas;

2. altos níveis de produção em virtude do maior aproveitamento das economias de escala permitidas pela ampliação dos mercados;
3. uma melhor posição de barganha no plano internacional, em virtude das dimensões ampliadas da nova área, resultando em melhores termos de negociações;
4. mudanças positivas (quase automáticas) na eficiência econômica dos agentes em virtude de maior concorrência intrassetorial e de maiores vínculos entre setores;
5. transformações tanto na qualidade quanto na quantidade dos fatores de produção por força de inovações incrementais e de avanços tecnológicos.

Se o grau de integração econômica conhece maior aprofundamento, partindo de seus esquemas mais simples para o formato de um mercado comum, por exemplo, fontes adicionais de ganho econômico, como as seguintes, tornam-se possíveis:

6. mobilidade de fatores através das fronteiras dos países-membros, permitindo uma alocação "ótima" de recursos;
7. coordenação de políticas monetárias e fiscais num sentido teoricamente mais racional, já que subordinadas a uma lógica impessoal e não à pressão de grupos setoriais ou correntes politicamente influentes em escala nacional; e
8. os objetivos do pleno emprego (ou quase), altas taxas de crescimento econômico e de uma melhor distribuição da renda tornam-se metas comuns dos países-membros.

Estes são os efeitos, não apenas teóricos, mas reais, que a integração econômica costuma produzir nos países envolvidos na formação do bloco, não obstante os problemas setoriais e os ajustes inevitáveis que devem ser feitos no decurso do processo. Os resultados são globalmente positivos, sobretudo no médio e longo prazos, ainda que enfrentando descompassos temporários e dificuldades momentâneas, como demonstrado no exemplo europeu. Com efeito, os países da Europa ocidental lograram inverter, no pós-guerra, uma tendência aparentemente "irresistível" ao declínio econômico e político, em escala mundial, graças aos efeitos positivos que o projeto de mercado comum da antiga Comunidade Econômica Europeia provocou nos sistemas econômicos nacionais e na própria capacidade de influência política dos países-membros. Destruídos pela guerra, ocupados por uma das duas superpotências durante longos anos, dependentes dos Estados Unidos numa primeira fase da recuperação, desprovidos das velhas bases de fácil aprovisionamento em matérias-primas no decurso da descolonização (tendo mesmo de enfrentar algumas guerras coloniais de libertação aqui e ali), os países da Europa Ocidental caminharam rapidamente para a retomada dos níveis de atividade econômica anteriores ao conflito e se engajaram em novos ciclos de inovação tecnológica e preeminência financeira nas três ou quatro décadas subsequentes.

Os resultados observados na Europa ocidental coincidiram, grosso modo, com os efeitos programados pelos teóricos da integração econômica: à exceção da consecução do pleno emprego (ou melhor, da preservação de níveis moderados de desemprego estrutural, cujas raízes têm menos a ver com os problemas da integração do que com uma certa rigidez estrutural nos mercados de trabalho europeus, inclusive com um excesso de proteção social setorizada), todos os demais ganhos esperados de um processo teórico de integração foram razoavelmente cumpridos na antiga Comunidade Europeia. Nem tudo foi perfeito, porém, com a manutenção, ou até ampliação, de algumas políticas comunitárias, com consequências eventualmente perniciosas para os parceiros externos, ou até para os próprios países-membros, como as enormes distorções de mercado (internas e externas) e os subsídios exagerados introduzidos progressivamente pela chamada "Política Agrícola Comum".

Registre-se, desde logo, que nem os teóricos da integração nem os dirigentes orientados por critérios exclusivamente de mercado teriam preconizado políticas agrícolas tão claramente protecionistas e subvencionistas como as praticadas nos países europeus desde o início dos anos 1960. Uma integração pautada por critérios essencialmente econômicos teria moldado estruturas mais claramente comerciais, com base em preços de mercados, para maior satisfação dos consumidores europeus (e também, isso é claro, em benefício dos produtores primários do resto do mundo, a começar pelas ex-colônias africanas). De fato, a partir de meados dos anos 1960, as políticas agrícolas americanas também adquirem um viés mais claramente protecionista, e seus produtores domésticos se tornam mais dependentes de subsídios setoriais, em grande medida como resposta à política agrícola europeia. Outros países também passam a conceber mecanismos intervencionistas, na agricultura, de características similares, ou funcionalmente equivalentes aos da Europa Ocidental, com o quê a agricultura se torna um dos setores de mais difícil liberalização e de incorporação às regras comuns do Acordo Geral de Tarifas Aduaneiras e Comércio (Gatt) ao longo de todas as rodadas subsequentes de negociações comerciais multilaterais.

Cabe registrar que essas "deformações" agrícolas da integração europeia derivaram principalmente de características próprias à estrutura social dos países europeus, com seu campesinato secular, de seus inevitáveis efeitos políticos em termos de poderosos *lobbies* de "camponeses eleitores" e das lembranças das penúrias alimentares da recente guerra, não de um explícito receituário integracionista. A teoria do comércio internacional, subjacente a qualquer modelagem ideal de um processo de integração, não recomendaria, aliás, a subtração da agricultura aos efeitos globalmente positivos desse processo. A integração dos mercados agrícolas pode, pelo menos teoricamente, ser feita, com melhores resultados econômicos e sociais, segundo as regras tradicionais de mercado e aquelas teoricamente aplicáveis num sistema multilateral de comércio, como evidencia, em grande medida, a experiência do Mercosul.

Mas é evidente que, mesmo no caso do Mercosul, que nunca se beneficiou dos extensos programas de reconversão produtiva ou de distribuição de benefícios sociais que esse processo exibiu na Europa, a integração não se faz sem custos sociais e econômicos relativos, derivados dos esforços de adaptação e de reconversão que devem empreender os operadores econômicos confrontados com novas condições de concorrência. Na fase de transição para a completa liberalização dos mercados, certos ramos industriais ou algumas indústrias específicas, incapazes de se adaptar às novas circunstâncias, têm de abrir caminho e deixar espaço a parceiros mais jovens e mais preparados ao novo ambiente de negócios. Daí a possibilidade de que trabalhadores menos especializados ou funcionários em setores de baixa eficiência econômica relativa venham a ser deslocados para ocupações em outras áreas ou possam mesmo engrossar as fileiras do chamado "exército industrial de reserva".

Essa possibilidade, mais ou menos provável segundo os setores considerados em cada um dos países-membros do Mercosul, não deveria, no entanto, atuar como um fator de percepção negativa desse processo aos olhos dos agentes econômicos envolvidos, sobretudo trabalhadores de setores defasados e respectivas centrais sindicais. Os mesmos efeitos negativos, sem as vantagens dos ganhos econômicos intrínsecos, podem advir de uma abertura unilateral em relação ao resto do mundo ou, tão simplesmente, de uma crescente defasagem tecnológica e empresarial provocada pela manutenção artificial, isto é, por motivos políticos ou sociais, de um extenso sistema protecionista, como o que vigorou nos países da América Latina durante décadas. A possibilidade de uma diminuição relativa no nível de emprego de um determinado setor industrial confrontado à concorrência dos países vizinhos, por exemplo, deve ser contrabalançada com a faculdade aberta aos trabalhadores, e consumidores em geral, de ter acesso a produtos mais baratos e de melhor qualidade. O eventual deslocamento de linhas de produção agrícola nos setores que passam a conviver com uma melhor dotação natural de recursos nos países vizinhos, por outro lado, deve ser colocado em linha de comparação com os ganhos gerais de bem-estar advindos de uma melhor oferta alimentícia a preços razoáveis para o conjunto da população.

Em suma, a maior especialização advinda da conformação de uma zona de livre-comércio e, a mais forte razão, de um mercado comum, é benéfica para a economia como um todo e também para os consumidores incorporados de maneira individual ao novo sistema. As perdas relativas são sempre derivadas de um necessário processo de adaptação às novas condições de funcionamento do mecanismo econômico da sociedade. Existem, no entanto, *lobbies* poderosos, dentre as associações industriais ou federações agrícolas, que podem não apenas bloquear a amplitude e o escopo de um processo de abertura econômica e de liberalização comercial, em sua fase formativa, como também fazer reverter concessões já consolidadas em acordos comerciais, impondo novas barreiras à livre circulação de bens e serviços; isso geralmente ocorre com a mobilização de produtores e de trabalhadores, que passam a atuar junto aos parlamentos nacionais ou diretamente no âmbito do executivo. O Mercosul conheceu, e conhece, ainda, diversas experiências de recuo nos compromissos formais de abertura e liberalização, em especial advindos da Argentina contra seu parceiro mais importante, o próprio Brasil.

É evidente que a resposta aos desafios da integração, que são reais, não deveria vir do lado da confrontação aos objetivos de abertura, ou pela via da tentativa de postergação das adaptações necessárias, mas pelo caminho da reconversão das indústrias não competitivas e de programas adequados de treinamento especializado da mão de obra deslocada. Em outros termos, não se pode mais, neste início do século XXI, recorrer a uma espécie de "reação luddista", como ocorreu no final de século XVIII e no começo do XIX, tentando frear a marcha irresistível da modernização econômica sempre implícita a qualquer processo de "revolução industrial". Cabe, sim, impulsionar os fatores institucionais de progresso social, tais como políticas adequadas de educação universal e de educação técnica, bem como, no plano macroeconômico, a criação de um bom ambiente de negócios (baixa tributação, infraestrutura adequada, regras estáveis) para atrair e manter atividades empresariais no país.

Este último elemento parece ser, precisamente, o mais relevante nas decisões adotadas pelos países em favor da conformação de acordos comerciais tendentes ao livre-comércio ou até à institucionalização de mercados comuns ou uniões aduaneiras. No ambiente globalizado que caracteriza a economia mundial das últimas décadas, poucos processos de crescimento sustentado ou projetos de modernização tecnológica podem se dar ao abrigo das tendências internacionais, que passaram a influenciar poderosamente a definição e implementação das políticas econômicas nacionais. Esse é o aspecto que cabe destacar e analisar como um fator importante na determinação de uma resposta mais abrangente às questões do título deste capítulo: por que fazer integração?

3.4 A globalização

Independentemente de acordos formais e do reconhecimento explícito do fenômeno pelas lideranças políticas nacionais, é um fato que a evolução da economia mundial, desde antes do final do socialismo como alternativa global ao capitalismo, vem sendo caracterizada pela maior interdependência entre as economias dos países. São as empresas, em primeiro lugar, não os governos, que impulsionam o fenômeno conhecido como globalização, a tendência mais evidente em nossa época, junto com a própria regionalização. A globalização se dá, basicamente, pela intensificação dos vínculos comerciais, pelo aumento dos investimentos diretos internacionais e pelos crescentes fluxos de capitais de todos os tipos entre as economias nacionais.

É também um fato que, depois de décadas de crescimento do comércio, no imediato pós-guerra, impulsionadas pela criação e consolidação do sistema multilateral de comércio sob impulsão dos Estados Unidos, o mundo enfrentou um surto de neoprotecionismo, no seguimento das crises do petróleo e da desorganização financeira criada depois do desmantelamento do sistema de Bretton Woods, em 1971-73, com flutuação generalizada de moedas e recrudescimento de barreiras e restrições diversas nos mercados desenvolvidos.

Foi igualmente uma época de ascensão industrial e comercial de vários países em desenvolvimento, que passaram a disputar os mercados desenvolvidos nos setores de tecnologia madura que, por acaso, empregavam muitos trabalhadores. Os chamados *newly industrialized countries* (NICs), que incluíam Brasil, Argentina, Coreia do Sul, Taiwan e vários outros asiáticos, conquistaram importantes nichos de mercado nos países avançados, não apenas nas manufaturas leves, mas igualmente em semiduráveis e duráveis, o que suscitou reações defensivas nesses países, com a introdução de velhos e novos expedientes protecionistas (restrições "voluntárias" de exportações, "arranjos organizados" de mercado, quotas tarifárias e outros) como forma de conter o enxugamento de empregos nos setores envolvidos.

O fracasso das políticas keynesianas em conter crises fiscais e monetárias de certa magnitude nos países avançados levou à adoção de novas políticas econômicas nesses países, em grande medida identificadas com a liberação dos mercados regulados, desestatização em setores monopolizados pelo Estado e, de forma geral, a uma maior abertura às iniciativas das grandes empresas de intensificarem seus investimentos diretos no exterior, tanto como forma de compensar custos trabalhistas crescentes nos países de origem quanto de penetrar em novos mercados externos. Assim, a despeito do crescimento do protecionismo setorial, de novas formas de subsídios disfarçados a velhas indústrias (ou de programas de reconversão e adaptação) e do recurso crescente aos acordos comerciais com parceiros selecionados, expandiu-se o movimento de globalização desde o último quinto do século XX. Ao mesmo tempo, os países emergentes e em desenvolvimento também davam início a processos de abertura econômica, com políticas de atração de investimentos estrangeiros e novas mudanças em suas políticas comerciais, reconhecendo de forma mais expressiva o papel do comércio internacional como indutor de desenvolvimento e de modernização tecnológica.

Essas características das mudanças sistêmicas e das políticas macroeconômicas e setoriais nos dois grupos de países ajudam a explicar por que os acordos comerciais da nova geração não se concentram apenas em questões de acesso a mercados (tarifas e medidas correlatas) mas focam também as regras de acesso a serviços, os investimentos diretos, a propriedade intelectual e os movimentos financeiros, como confirmado, aliás, pelos modelos de acordo que passam a ser impulsionados pelos Estados Unidos e por outros países desenvolvidos junto a parceiros selecionados. A relativa abrangência dos novos tipos de acordos comerciais se integra, assim, ao novo panorama de "fim da geografia", mais do que um pretendido "fim da história", que passa a modelar a marcha paralela, e quase simultânea dos dois grandes processos que caracterizam a época contemporânea: a globalização e a regionalização.

Os movimentos e mudanças sistêmicas citados anteriormente são facilitados por enormes progressos nas tecnologias de informação e de comunicação (TICs), pela intensificação das novas rotas de transportes modulares, por fluxos mais intensos de capitais e pela disponibilidade de créditos de todos os tipos. Ainda que não se tenha logrado liberalizar os movimentos de capitais no âmbito das organizações de Bretton Woods [programa que estava na agenda do Fundo Monetário Internacional (FMI) em meados dos anos 1990] e que a tentativa de se elaborar um código abrangente para os investimentos multinacionais, como concebida no âmbito da Organização para a Cooperação e Desenvolvimento Econômico (OCDE) na mesma época, não tenha sido levada a termo, ambos os fluxos passam a se movimentar com maior facilidade em diferentes latitudes e longitudes, cobrindo quase todas as antigas "terras incógnitas" do planeta, que antes estavam excluídas da globalização capitalista. Todos esses fatos estimulam a especialização produtiva e a divisão internacional do trabalho, criando um planeta ainda mais interdependente, mesmo se fragmentado em "arquipélagos" de comércio preferencial que começam a transformar o mapa do mundo em um mosaico de novas zonas de livre-comércio, de uniões aduaneiras e de muitas áreas de transações preferenciais.

As empresas multinacionais estão sempre na vanguarda desses movimentos de abertura, mais até do que os governos, embora caiba aos burocratas destes últimos a tarefa de normatizar as novas realidades e de, posteriormente, apresentar, registrar e defender os novos esquemas junto às instâncias reguladoras do Gatt e da Organização Mundial do Comércio (OMC). São essas empresas que insistem junto aos governos para a maior liberalização das tarifas aduaneiras e para a facilitação dos trâmites comerciais, o que é geralmente feito no âmbito das rodadas de negociações comerciais multilaterais do Gatt, mais raramente como iniciativa unilateral de cada país. De forma geral, ao longo do itinerário de mais de meio século do sistema multilateral de comércio, as tarifas aduaneiras perdem progressivamente sua importância protecionista e adquirem uma função sobremodo regulatória nas economias mais abertas, a despeito de picos tarifários setorialmente restritivos, sendo substituídas por normas técnicas ou outras medidas regulatórias.

As mesmas firmas também procuram incentivar o livre fluxo de capitais, ou seja, a ausência de controles e barreiras e o mínimo de taxação possível, embora as autoridades monetárias busquem sempre monitorar esse tipo de influxo, pelos efeitos potencialmente desestabilizadores que eles podem ter sobre o meio circulante (inflação e valorização da moeda nacional). Mas esses fluxos também constituem uma fonte mais barata e abundante de recursos para irrigar os negócios das empresas nos diversos locais de instalação de suas atividades. Nesse caso, um sistema bancário aberto, mas bem regulado, um regime cambial de flutuação e juros o mais próximo possível das taxas de equilíbrio de mercado, podem contribuir para amortecer os choques que surgem inevitavelmente em toda e qualquer economia capitalista.

De maneira geral, perde sentido a antiga divisão entre mercados nacionais e mercado mundial, ainda que a regionalização busque precisamente preservar certo grau de autonomia na regulação e defesa dos mercados nacionais em face das pressões sempre crescentes do processo de globalização. É que mesmo os espaços econômicos integrados se revelam paulatinamente insuficientes para o âmbito de atuação das mais importantes empresas multinacionais, cujo escopo e visão de mercado são propriamente planetários. São elas, finalmente, que moldam a globalização, além e acima dos próprios blocos comerciais, que servem, finalmente, para homogeneizar as condições de concorrência em espaços maiores do que os antigos mercados nacionais. Com isso, padrões uniformes de conexão física e sistemas comuns de interação nas comunicações criam um mundo que se torna mais homogêneo à medida que ambos os processos vão se aprofundando.

No mesmo movimento, diminui também a margem de manobra das autoridades nacionais no manejo de suas mais importantes políticas públicas, as macroeconômicas em primeiro lugar, mas crescentemente as setoriais também, com destaque para as industriais e tecnológicas, seguidas pelos sistemas de formação de recursos humanos, pelos padrões contábeis e pelos perfis de administração e de incidência tributárias. Os governantes descobrem que não podem mais atuar soberana e impunemente nos vetores cambiais ou monetários, pois a deslocalização de empresas, os movimentos voluntários de capitais e até a fuga de cérebros impõem limites ao grau de arbítrio antes exercido no interior das fronteiras nacionais. Esses fatores também atuam a favor do movimento de integração, já que a existência de blocos mais coesos permite administrar com um grau maior de liberdade vetores de políticas econômicas que de outra forma teriam apenas a interface maior da globalização. Nesse sentido, os acordos comerciais e as iniciativas de integração constituem redutos de autonomia que já não são facilmente implementáveis em escala geográfica mais reduzida.

Paradoxalmente, porém, aumentam as fontes de conflitos comerciais entre os blocos, uma vez que cada um deles vai adotando regras e normas para os intercâmbios que não necessariamente se coadunam com aquelas estabelecidas em outros blocos ou pelos países individualmente. Daí a expansão do conteúdo técnico dos novos acordos comerciais e da própria substância negociadora nas rodadas multilaterais administradas pelo sistema da OMC [Gatt, Acordo Geral sobre Comércio de Serviços (Gats) ou demais acordos setoriais e plurilaterais] já que a própria natureza dos intercâmbios alterou-se profundamente nas últimas décadas, passando de produtos acabados, feitos integralmente num único lugar, para partes e peças confeccionadas em diferentes locais e montadas num quarto ou quinto país para distribuição mundial, segundo planejamento de marketing e vendas (além da própria concepção do produto ou serviço) feito na sede da empresa multinacional.

Os acordos de integração comercial constituem, portanto, uma estratégia ainda mais importante para os países em desenvolvimento, que não exibem o poder de barganha e a força negociadora das economias avançadas, mas que podem conseguir, pelo menos potencialmente, por meio de um bloco, negociar em melhores condições com as grandes multinacionais ou mesmo com as potências comerciais dominantes. Trata-se, no entanto, de uma estratégia política, não de uma receita de sucesso comercial ou de fortalecimento econômico, uma vez que acordos entre países em desenvolvimento costumam ser limitados em seu escopo e ambições de abertura e pouco propensos a trazer melhorias dramáticas em termos de ganhos de produtividade ou de modernização tecnológica. Esta é uma das razões pelas quais economistas mais focados nos efeitos sistêmicos, mais do que redistributivos, dos acordos de integração costumam recomendar, antes que uma estratégia Sul-Sul de integração comercial, acordos no sentido Sul-Norte, convencidos de que os impactos setoriais, notadamente em termos de transferência de tecnologia e de integração de cadeias produtivas, são mais importantes nesse direcionamento vertical do que em ilusórias complementaridades horizontais.

Não há dúvida, entretanto, de que esses acordos Sul-Norte implicam maior número de concessões e um grau ampliado de abertura do que ocorre no caso dos tradicionais (e modestos) acordos Sul-Sul, representando, portanto, desafios de monta aos países em desenvolvimento. A abertura de seus mercados a produtos e serviços de competidores mais modernos, bem como a adoção de disciplinas mais estritas em termos de padrões proprietários e de regulação de mercados redunda quase inevitavelmente na revisão completa de políticas setoriais, ademais do desafio já referido a suas empresas menos capitalizadas e menos avançadas tecnologicamente. No médio prazo, os efeitos benéficos ultrapassam os choques adversos (como o provam as experiências de adesão de países periféricos ao esquema europeu), mas no curto prazo os custos da reconversão e da perda de empregos, mesmo temporariamente, podem significar custos políticos e sociais maiores que o imaginado ao início. Daí a preferência de muitos países em desenvolvimento por acordos em sua própria zona, o que pode representar algum conforto institucional e menor impacto nas rupturas sistêmicas, mas traz consigo, em contrapartida, menor poder transformador e modernizador.

A outra estratégia, seguida especialmente pelo Chile ao longo dos últimos 30 anos, é a de promover, por sua própria iniciativa, medidas unilaterais de abertura econômica e de liberalização comercial, seguidas da busca sistemática e da negociação organizada de acordos comerciais do tipo livre-cambista, que acarretam os mesmos desafios mencionados acima, mas que podem ser modulados segundo regras progressivas de abertura em função de um calendário organizado de adaptações graduais nos diversos setores impactados pelos processos de abertura. O mesmo esquema, aliás, foi seguido pelos Estados Unidos em seus diversos acordos bilaterais de livre-comércio (com Austrália ou Coreia do Sul, por exemplo) a partir da programação de datas diferentes para a abertura dos setores considerados sensíveis nos planos do emprego e das condições locais. O Chile é, possivelmente, um dos países com maior número de acordos bilaterais de livre-comércio em vigência efetiva, o que garante o acesso consolidado de seus produtos competitivos aos mercados mais importantes do mundo [todo o hemisfério americano, a União Europeia (UE) e diversos países asiáticos, entre eles os maiores]; os vinhos chilenos, por exemplo, podem atualmente ser encontrados em praticamente todos os supermercados do mundo, assim como suas frutas e o seu salmão de criação estão amplamente disponíveis nas duas maiores economias planetárias.

3.5 A "imitação" de modelos bem-sucedidos

Existem, portanto, diferentes motivações, ou estímulos, de ordem econômica ou de natureza política, que explicam por que os países decidem abandonar a carreira solo para adotar estratégias conjuntas de inserção internacional e de competição comercial no plano externo.

CAPÍTULO 3

Os mais importantes, via de regra, são os motivos de tipo econômico, pois, independentemente da disposição política de seus dirigentes para empreender algum grau de abertura em sistemas anteriormente mais fechados, os desafios colocados atualmente pelo processo de globalização são por demais relevantes para serem simplesmente ignorados ou relegados a segundo plano.

Normalmente, as lideranças nacionais procedem a um exame das condições econômicas do país para decidir em seguida que estratégia de abertura, ou de integração, adotar, em função das prioridades percebidas como relevantes. Países menores buscam acesso privilegiado aos seus poucos produtos de exportação ou atrair investimentos para determinados setores considerados promissores (turismo, financeiro etc.); países de economia mais diversificada e bem-dotados em recursos querem melhorar o acesso de seus produtos a mercados mais amplos e negociar em melhores condições a transferência de tecnologias industriais mais avançadas.

Os fatores que deslancham o processo podem igualmente ser os mais diversos, indo dos imensos cataclismos geopolíticos que destruíram o continente europeu no século XX a crises econômicas como as que motivaram decisões similares em outras regiões, como no Cone Sul latino-americano, por exemplo. Não é recomendável, em todo caso, engajar um processo de integração apenas como imitação de modelos mais avançados ou aparentemente mais bem-sucedidos. Em algumas ocasiões, os países latino-americanos pretenderam imitar os europeus, sem levar em conta as enormes diferenças estruturais, de história política e de conformações econômicas, que os separam destes últimos, inclusive no plano da maturidade institucional.

Assim ocorreu, aparentemente, nas primeiras tentativas integracionistas na América do Sul, na sequência dos tratados de Roma que deram início ao processo europeu, em 1957. Reagindo ao que lhes parecia um caminho apropriado para a elevação dos padrões produtivos e em busca do aumento do comércio regional, os países da América do Sul, inclusive impulsionados por estudos da Comissão Econômica para a América Latina (Cepal), decidiram empreender igualmente o caminho da integração, negociações que culminaram na assinatura do primeiro Tratado de Montevidéu, em 1960 (haveria um segundo, em 1980), que criou a Associação Latino-Americana de Livre-comércio (Alalc), modelada segundo os princípios do Artigo XXIV do Gatt, que rege esse tipo de empreendimento comercial.

Alguns anos depois, descontentes talvez com o ritmo lento e a baixa integração efetiva da Alalc, os países andinos (Venezuela, Colômbia, Equador, Peru, Bolívia e Chile) decidiram avançar para um esquema mais profundo de integração, tomando como modelo o processo europeu e introduzindo, assim, instituições "comunitárias", como a "Junta", que seria o equivalente da Comissão Europeia, e um tribunal de justiça, como o de Luxemburgo, e políticas setoriais comuns nas áreas industrial e tecnológica, mediante o Pacto de Cartagena (1960); não é preciso dizer que o Grupo Andino, um esquema sub-regional no âmbito da Alalc, não conseguiu reproduzir o mesmo grau de integração que o registrado no esquema europeu, inclusive porque a densidade de comércio intrarregional e o funcionamento das instituições "comunitárias" e nacionais estavam muito aquém dos níveis encontrados na Europa Ocidental.

O Mercosul, por sua vez, emergiu como resposta às crises econômicas que atingiram duramente o Brasil e a Argentina, mas também responde ao desejo dos dois de desempenhar na América do Sul um papel talvez similar ao efetivado na Europa entre França e Alemanha, a despeito das enormes diferenças históricas e de estruturas econômicas; em todo caso, a decisão de adotar não um simples esquema livre-cambista, mas um modelo completo de mercado comum, confirmado quadrilateralmente em 1991, pode representar uma tentativa de imitação do esquema europeu em sua forma completa, que está muito acima das possibilidades efetivas de todas as economias sul-americanas participantes.

3.6 Esquemas de integração, um processo dinâmico

Finalmente, quaisquer que sejam os motivos e os impulsos que levam dois ou mais países a se decidirem pelo início de um processo de integração, cabe registrar que o ritmo atual de integração econômica "natural" ultrapassa e excede bastante a capacidade de atores individuais (à exceção, talvez, de grandes economias dispondo de mercados internos relevantes) de controlar, modelar ou sequer monitorar as transformações em curso no bojo dos diversos processos de globalização que caracterizam o mundo atual.

Mesmo os grandes atores internacionais, no plano econômico ou político, não conseguem controlar todas as variáveis, notadamente monetárias, financeiras ou cambiais, que integram a rede dos intercâmbios globais e que compõem um quadro de "pressões sistêmicas" ao qual mesmo grandes potências têm dificuldades em se subtrair (a exemplo dos desajustes bancários e desequilíbrios orçamentários ocorridos nos Estados Unidos e na Europa Ocidental na sequência das crises de 2007-2008 e, novamente, em 2011). Na ausência de mecanismos de coordenação macroeconômica eficazes (e o G20 financeiro fica muito aquém de responder aos requerimentos da globalização "deficiente" que caracteriza o mundo atual) ou de instituições multilaterais à altura dos desafios (pode-se dizer, por exemplo, que os recursos do FMI e do Banco Mundial são bastante limitados em face dos trilhões de dólares que circulam nos mercados financeiros a todo momento), esquemas regionais mais integrados podem, eventualmente, atender algumas das necessidades de países temporariamente colocados em situação de risco.

Obviamente que nenhum processo de integração é concebido, primariamente, como uma "caixa de socorro mútuo", mas os esquemas mais avançados, a exemplo do europeu, que comporta uma sub-região dotada de moeda única, podem eventualmente servir de anteparo a desequilíbrios conjunturais ou até a desajustes sistêmicos mais amplos. Eles tampouco foram imaginados, inicialmente, como um sistema corretor de assimetrias estruturais entre os países-membros, uma vez que é próprio da integração confrontar diferentes vantagens comparativas relativas que se encaixarão reciprocamente nos jogos competitivos entre agentes privados, suscetíveis de produzir, eles mesmos, benefícios mútuos e retornos ampliados, que constituem a base indispensável dos chamados ganhos de bem-estar das populações como um todo. Se os governos decidem empreender essas missões "corretoras", é preciso ficar claro que se trata de transferência de renda de algum provedor líquido, digamos a Alemanha, no caso europeu, para recebedores automáticos, por exemplo, o Paraguai, no caso do Mercosul; os efeitos desses "fundos estruturais" podem ser, contudo, limitados, caso eles pretendam ir além do aporte suplementar que pode ser positivo em assuntos de infraestrutura para confrontar tendências de mercado, à reconversão agrícola ou industrial, por exemplo, que se manifestam naturalmente no decurso de um processo transformador de estruturas econômicas e sociais, como podem ser os esquemas regionais de integração.

Em outros termos, esquemas de integração há muito ultrapassaram as funções essenciais para as quais foram concebidos (liberalização comercial e integração produtiva) e passam a desempenhar uma série de outros "encargos", em grande medida compatíveis com a complexidade da integração econômica mundial, modelada de forma errática pelas forças sempre imprevisíveis e impessoais da globalização.

É importante, entretanto, manter uma visão clara sobre o que eles podem, ou não podem, fazer para o desenvolvimento dos países-membros, em sua dimensão própria e a partir de seus mecanismos específicos. Parece óbvio, por exemplo, que eles podem contribuir para o desenvolvimento dos associados, mas até certa medida apenas, uma vez que um processo de desenvolvimento comporta diversos outros componentes de políticas públicas, macroeconômicas e setoriais, que normalmente não podem ser contemplados num esquema de integração, geralmente contido nas vertentes de políticas comerciais e industriais (eventualmente agrícolas e tecnológicas, também) de seus mandatos originais. Assim como não se pode pretender que uma simples tarifa protecionista consiga impulsionar a capacitação industrial de um determinado país, não se pode esperar que todas as estruturas econômicas e sociais de uma nação sejam positivamente tocadas pela simples implementação de um esquema de integração.

Em uma palavra, não se pode aspirar a que o "rabo" da integração abane o "cachorro" do desenvolvimento, uma vez que esse processo é bem mais complexo e abrangente do que as tarefas por vezes "superestruturais" dos esquemas de integração. Um acordo comercial de liberalização cumpre, certamente, objetivos muito positivos nos planos da abertura de mercados e dos ganhos de escala, mas ele não consegue ser mais do que efetivamente é: um meio, não um fim em si mesmo, para alcançar outros objetivos socialmente valorizados.

Questões para discussão

1. Considere o peso dos fatores militares, ou de segurança, e o papel dos estímulos econômicos nas decisões em favor da integração.
2. De que forma um processo de integração afeta a soberania de um Estado determinado?

3. Quais impactos diretos, ou indiretos, você seria capaz de identificar, em decorrência de um processo de integração?
4. Discorra sobre os efeitos econômicos sistêmicos de um processo de integração profunda.
5. Quais conflitos, ou problemas internos, e externos, podem surgir em decorrência de um processo desse tipo?
6. Quais vantagens respectivas existiriam a partir de um esquema de integração conduzido no sentido Sul-Sul, ou seja, entre países em desenvolvimento, comparativamente a um outro no sentido Norte-Sul, isto é, entre um país avançado e um outro (ou vários outros) em desenvolvimento?

Para saber mais

ALMEIDA, Paulo Roberto de. *Relações internacionais e política externa do Brasil:* a diplomacia brasileira no contexto da globalização. Rio de Janeiro: LTC, 2012.

________. *Os primeiros anos do século XXI:* o Brasil e as relações internacionais contemporâneas. São Paulo: Paz e Terra, 2002.

BALASSA, Bela. *Teoria da integração econômica.* Lisboa: Livraria Clássica, 1961.

COSTA, Carla. *Economia e política da construção europeia.* Lisboa: Terramar, 2005.

LANDES, David. *A riqueza e a pobreza das nações:* por que algumas são tão ricas e outras tão pobres. Rio de Janeiro: Campus, 1998.

NAKADA, Minoru. *A OMC e o regionalismo.* São Paulo: Aduaneiras, 2002.

THORSTENSEN, Vera. *OMC:* as regras do comércio internacional e a rodada do milênio. São Paulo: Aduaneiras, 1999.

Capítulo 4

COMO SÃO OS ACORDOS REGIONAIS? QUE TIPOS DE INTEGRAÇÃO ECONÔMICA EXISTEM?

Analisadas algumas das razões que podem motivar os países a assinar acordos regionais de liberalização comercial e a dar início, em seguida ou simultaneamente, a processos de integração econômica, cabe agora identificar os tipos e modalidades mais frequentes nesse gênero de empreendimento.

Registre-se, desde logo, que as formas e os mecanismos da integração econômica não precisam possuir nada de especificamente "regional", pois essas "ferramentas" de política econômica e seus arranjos institucionais, com exceção daqueles expressamente logísticos que têm a ver com vínculos de transportes e comunicações físicas, estabelecidos localmente, se referem, na verdade, a medidas de caráter geral, incidindo sobre as políticas econômicas, independentemente de sua localização no "espaço" ou seu estrito impacto geográfico. Em outros termos, os acordos "regionais", no sentido que a Organização Mundial do Comércio (OMC) empresta ao termo, prescindem de fronteiras contíguas para existirem, e de fato muitos blocos comerciais são formados por países não imediatamente limítrofes, embora esta seja uma característica muito comum a vários deles: é normal que o comércio seja sempre mais intenso entre nações vizinhas, não obstante existirem vários acordos em situações físicas não contíguas.

4.1 Os processos de integração econômica

A integração econômica é, antes de qualquer outra coisa, um processo de construção de instituições, muitas das quais derrogando, pela sua lógica intrínseca, a soberania absoluta dos Estados na determinação de importantes políticas públicas. Sendo uma forma de "substituição" de políticas nacionais por outras, comunitárias ou pelo menos "desnacionalizadas", cabe proceder, acima de qualquer outra distinção operacional quanto aos mecanismos e ferramentas específicos da integração, uma identificação mais precisa quanto ao gênero de integração que se pretenda fazer: superficial ou profunda.

Especialistas anglo-saxões sempre distinguem entre a *shallow integration* e a *deep integration*, em geral diferenciadas apenas teoricamente, uma vez que os casos concretos são sempre diferentes uns dos outros. A primeira se refere à simples eliminação de tarifas e outras barreiras de fronteira, que limitavam ou impediam os fluxos normais de comércio; já a segunda vai além dessas simples medidas formais de acesso, para penetrar em mecanismos regulatórios, definir reconhecimento mútuo de políticas internas e harmonizar as legislações na extensão possível. A primeira forma, grosso modo, pode ser reconhecida nas áreas de tarifas preferenciais e nas zonas de livre-comércio, enquanto a segunda passa a existir a partir das uniões aduaneiras até os mercados comuns completos, como se verá logo em seguida. Em qualquer hipótese, a integração se processa mediante mecanismos econômicos e por meio de instrumentos jurídicos.

Uma das mais importantes distinções a serem feitas no plano das construções jurídicas no tema que nos ocupa é a que distingue os atos de direito internacional, congregando os países em processos de cooperação, dos atos de direito comunitário, que implicam uma renúncia ainda mais pronunciada aos princípios da soberania, no sentido de que se passa de simples procedimentos de cooperação entre Estados, que podem até compreender acordos comerciais de rebaixas tarifárias, a projetos de verdadeira integração entre economias de nações soberanas. A distinção a ser feita remete ao caráter *intergovernamental* dos esquemas de cooperação e à natureza *supranacional* dos projetos comunitários. Exemplos históricos concretos ajudam a compreender essas diferentes realidades de modo mais explícito.

4.2 Cooperação intergovernamental e cooperação supranacional – exemplos históricos

Até o surgimento da Comunidade Europeia do Carvão e do Aço (Ceca), pelo Tratado de Paris (1951), nunca houve, entre Estados independentes, renúncia explícita de soberania no que concerne à exploração conjunta de recursos exclusivamente nacionais. Registre-se, desde logo, que não se tratou da primeira experiência de integração europeia no sentido explícito da palavra, nem da primeira renúncia de soberania entre nações formalmente independentes, já que a Ceca foi precedida pelos tratados de integração da União Aduaneira entre Bélgica, Países Baixos e Luxemburgo (Benelux), de caráter intergovernamental.

Com efeito, em janeiro de 1948, com a implementação de acordos estabelecidos anteriormente (a Convenção Benelux, firmada em Londres, em 5 de setembro de 1944, completada depois pelo Protocolo de Haia, de 14 de março de 1947), entrava em vigor o Benelux pelo qual Bélgica, Países Baixos e Luxemburgo criaram um território econômico em que: levantaram restrições à livre circulação de bens, serviços, capitais e pessoas; eliminaram qualquer discriminação entre produtos e produtores nacionais respectivos; instauraram uma política econômica, financeira, fiscal e social coordenada que instituiu uma tarifa externa comum; e estabeleceram uma política comercial e cambial conjunta em relação a terceiros países, tudo isso para promover o bem-estar econômico e social de seus povos.

No plano institucional, a implementação do Benelux deveria ser obra de conferências ministeriais entre os três países, assim como de órgãos mistos econômicos e técnicos, com função puramente consultiva. Não havia, portanto, instituições comuns ou supranacionais, como seria o caso, mais tarde, da Ceca e das Comunidades Europeias; as decisões no Benelux, por exemplo, tinham de ser tomadas em negociações diretas entre os três governos, sem a intermediação de qualquer entidade supranacional. O órgão superior, responsável pelo cumprimento do Tratado, era o Comitê de Ministros, formado por pelo menos três representantes de cada governo, cujas decisões deveriam ser unânimes. O Benelux dispunha igualmente de uma Comissão Interparlamentar, como foi o caso no Mercosul, bem mais tarde, e de um Conselho Assessor Econômico e Social, ambos com caráter consultivo. Um Tribunal

Arbitral, encarregado da solução de controvérsias vinculadas à aplicação do Tratado e seus instrumentos subordinados, completava a superestrutura administrativa do Benelux. Em 1965, o Tribunal seria substituído pela Corte de Justiça do Benelux, composto de nove juízes com a tarefa de assegurar também a equidade na interpretação de regras comuns de direito, dando-lhe, portanto, uma autoridade jurisdicional. O Benelux tem, hoje, relevância apenas histórica, uma vez que todos os seus efeitos "materiais" foram absorvidos pela evolução ulterior das Comunidades Europeias, em várias décadas de construção comunitária.

O salto decisivo, no plano institucional, é dado pelo estabelecimento da Ceca, que altera radicalmente o perfil do relacionamento (sempre delicado, muitas vezes explosivo) entre as duas principais potências do continente europeu: Alemanha e França. O novo modelo, materializado no tratado de Paris, vai alterar profundamente o cenário político da integração e provocar mudanças geopolíticas de impacto delongado na história mundial e nos processos de integração regional.

Esse tratado introduz no direito a noção inédita de comunidade, que combina princípios do direito internacional com os do direito público interno, em vista de seus prolongamentos na ordem jurídica interna dos Estados membros. Ou seja, rompendo princípios que remontavam a Vestfália, nascem assim as primeiras organizações de direito internacional que superam o sistema da soberania nacional, revolucionando os métodos e os resultados da cooperação europeia. O objetivo era a administração em comum dos recursos carboníferos e dos produtos siderúrgicos da Alemanha, da França, dos países do Benelux e da Itália, que decidiram juntar-se ao empreendimento conjunto, o que de fato já tinha sido concertado um ano antes, em 1950, quando é criada a Autoridade Internacional do Ruhr, dedicada à organização da produção carbonífera dos países da Europa Ocidental.

Pela natureza de seus mecanismos e modo de funcionamento, com uma "alta autoridade" de tipo supranacional, a Ceca já constituiu o embrião do próprio Mercado Comum, que seria implementado pelos tratados de Roma de 1957, instituindo a Comunidade Econômica Europeia (CEE) e a Comunidade Europeia da Energia Atômica (Euratom). Como efeito de seu caráter supranacional, segundo o tratado da Ceca, as decisões tomadas pelo seu órgão superior "são obrigatórias em todos os seus elementos" e são aplicáveis "pelo simples efeito de sua publicação"; em outros termos, se prescinde dos parlamentos e dos executivos nacionais para a consecução dos atos "comunitários". Os tratados da CEE e do Euratom são ainda mais claros em seus mecanismos decisórios: o regulamento "é obrigatório em todos os seus elementos e ele é diretamente aplicável em todo o Estado membro", enquanto a decisão "é obrigatória em todos os seus elementos para os objetivos que ela designa".

O elemento "regional" presente no experimento europeu é obviamente decorrente do fato de que os seis países participantes estavam todos sob a proteção (ou ocupação) militar dos Estados Unidos, no âmbito do sistema de divisão do mundo entre as duas grandes potências vencedoras da Segunda Guerra, o que no caso da Europa Ocidental compreendeu também os esquemas de cooperação e de interdependência do Plano Marshall e da Organização Europeia de Cooperação Econômica. Mas o importante a ser destacado aqui não é o seu caráter regional, e sim a sua natureza supranacional ou comunitária.

Com efeito, à diferença do Benelux, cujo processo de integração se fazia inteiramente pela via das negociações diretas entre os Estados Partes (um sistema intergovernamental a ser seguido mais tarde pelo Mercosul), as instituições comunitárias europeias passaram a dispor de um órgão executivo, com competências próprias e distintas dos governos dos países-membros.

Nem todos os países europeus aceitaram, contudo, a quebra explícita de soberania implícita ao tratado de Paris e aos tratados de Roma, inclusive porque não se sentiam envolvidos na exploração conjunta dos recursos carboníferos das duas grandes potências econômicas (mais por razões militares do que políticas ou econômicas, relembre-se) e não pretendiam colocar as suas políticas de comércio e indústria sob a supervisão de um órgão supranacional.

Foi assim que, ao mesmo tempo que nasciam as Comunidades Europeias dos seis membros originais, os demais países da Europa Ocidental, liderados pela Grã-Bretanha, decidiram empreender um simples experimento de livre-comércio, materializado sob a forma da Associação Europeia de Livre-comércio (Efta, na sigla em inglês).

4.3 Tipos de integração econômica

A partir desses exemplos históricos sumários, é possível compreender as diferenças que existem entre os processos intergovernamentais, geralmente de integração superficial, e os processos comunitários, ou supranacionais, estes na categoria da integração profunda, que podem ser observadas no último meio século, ou mais, de experimentos integracionistas. Com base nessas ilustrações, pode-se, portanto, traçar um panorama dos diferentes tipos de integração econômica que os acordos comerciais "regionais" foram multiplicando ao redor do mundo, desde o exemplo pioneiro do Benelux [que de certa forma precede o Acordo Geral de Tarifas Aduaneiras e Comércio (Gatt) e moldou, por assim dizer, seu artigo XXIV sobre os esquemas preferenciais de comércio].

Grosso modo, podem ser distinguidos os seguintes tipos de integração econômica, com base em acordos de simples liberalização comercial ou indo mais adiante no desmantelamento de barreiras de diversos tipos aos intercâmbios e na formação de espaços verdadeiramente integrados para o exercício de atividades econômicas as mais diversas: áreas de preferências tarifárias, zonas de livre-comércio, uniões aduaneiras, mercados comuns e uniões econômicas (dotadas geralmente de uma moeda comum). Vejamos agora com maior grau de detalhe cada um deles.

4.3.1 Acordos de integração superficial

4.3.1.1 Área de preferência tarifária (APT)

Nas APTs, existe a redução ou eliminação de tarifas e outras barreiras tarifárias entre duas (ou mais) economias, para vários produtos, mas não todos. Produtos sensíveis, ou essenciais, podem ser eximidos da liberalização. Tampouco envolve regras de política comercial ou relações com terceiras partes, já que cada parceiro conserva inteira liberdade em suas políticas. Não estava prevista, originalmente, no Gatt, e só surge, oficialmente, a partir da Rodada Tóquio, com a aprovação de uma declaração de "habilitação" (1979) em favor dos países em desenvolvimento, que prevê a redução parcial, limitada e não extensível a outras partes contratantes, ou seja, derrogando à cláusula de nação mais favorecida, de tarifas a produtos selecionados por cada uma das partes a esse acordo. Exemplo típico de uma área desse tipo é a Associação Latino-Americana de Integração (Aladi), composta de um sem-número de acordos de alcance parcial (AAPs) ou de complementação econômica (ACEs), que vinculam dois ou mais países, dentre a dúzia de membros, em torno de acordos setoriais com regras limitadas de acesso e sem quaisquer outras obrigações substantivas; a Associação de Nações do Sudeste Asiático (Asean) também conforma uma área de preferência tarifária, assim como dezenas de outros acordos entre países em desenvolvimento ao redor do mundo.

4.3.1.2 Zona de livre-comércio (ZLC)

Um passo além da APT, e prevista originalmente no artigo XXIV do Gatt, a ZLC estabelece a eliminação total, ou pelo menos substancial, das tarifas e outras barreiras entre duas ou mais partes ao acordo, além da supressão de quotas e outras medidas limitadoras do comércio de bens (não necessariamente de serviços ou a livre circulação de pessoas, ou trabalhadores). O acordo deve ser registrado no Gatt ao abrigo do artigo XXIV, mas muitos países em desenvolvimento o fazem no contexto da "cláusula de habilitação" acima descrita. Cada parte conserva, entretanto, total liberdade em suas relações econômicas e comerciais com terceiras partes, inclusive sua própria pauta aduaneira, que não é minimamente afetada pela existência da derrogação de tarifas dentro da ZLC. Exemplos típicos, e pioneiros, desse tipo de acordo, foram a Associação Latino-Americana de Livre-comércio, Alalc (Tratado de Montevidéu de 1960, que no entanto não foi levado a termo) e a Efta, que funcionou durante muito tempo nos países europeus não integrados ao esquema comunitário, e que ainda funciona para os países remanescentes (Islândia, Noruega, Suíça e Liechtenstein) e entre estes e a própria União Europeia (UE), sob a forma de um acordo de associação prevendo o livre-comércio, mas não uma união aduaneira, entre os dois blocos; o maior exemplo contemporâneo é, obviamente, o Acordo de Livre-comércio da América do Norte (Nafta), mas os acordos de liberalização entre os Estados Unidos, o Canadá e o México vão muito além da simples eliminação de tarifas para os bens, prevendo ainda livre acesso para serviços, regras quanto a investimentos e propriedade intelectual e solução de controvérsias, ou seja, uma "super" ZLC. A maior parte dos acordos "regionais" registrados na OMC o são sob a forma de ZLCs. A UE, por exemplo, possui dezenas de ZLCs com parceiros selecionados, entre eles o Chile, que assinou, por seu lado, dezenas de acordos desse tipo, em todos os continentes.

Até aqui estamos falando da chamada "integração superficial", ou seja, acordos intergovernamentais dotados de regras de liberalização, mais do que de harmonização de legislações ou coordenação de políticas econômicas, muito embora uma ZLC como o Nafta preveja, como referido, ampla liberalização em setores não estritamente comerciais (como pode ser a proteção à propriedade intelectual). As formas seguintes já correspondem a processos mais ou menos profundos de integração.

4.3.2 Acordos de integração profunda

4.3.2.1 União aduaneira (UA)

Constitui uma etapa além da ZLC e a compreende, necessariamente, pois, além da eliminação completa de tarifas e de outras barreiras ao comércio de bens entre as partes contratantes, a UA implica a negociação de uma Tarifa Externa Comum (TEC) e a adoção de uma política comercial comum vis-à-vis terceiras partes, o que representa um grande salto na cessão de soberania. Com efeito, se um mesmo país pode ser parte contratante, sem qualquer problema, em dezenas de acordos de ZLC, conservando total independência para determinar suas demais políticas comerciais, ele só pode ser membro de uma única UA, já que a nova tarifa precisa ser registrada oficialmente na OMC [geralmente ao abrigo do artigo XXIV do Gatt, mas o Mercado Comum do Sul (Mercosul) preferiu fazê-lo no contexto da "cláusula de habilitação", aproveitando-se do fato de que a própria Aladi fora registrada nesse âmbito]. Em outros termos, enquanto as ZLCs são abertas, as UAs são exclusivas e excludentes, reciprocamente. A UA pode abarcar, além do comércio de bens, livre circulação ou oferta de serviços entre as partes, assim como de capitais ou trabalhadores, embora nem sempre seja o caso (no Mercosul existem disposições limitadas em cada uma dessas rubricas adicionais de liberalização).

O exemplo histórico inicial é, evidentemente, o Benelux, já referido, mas o Mercosul segue o mesmo modelo intergovernamental sem ter avançado como o Benelux na liberalização interna e na coordenação de políticas setoriais (em especial, comércio, indústria e agricultura, além de outras instâncias não especialmente comerciais, como ocorria no "velho" acordo); o Mercosul logrou aprovar uma TEC, mas ela se aplica apenas parcialmente, sem que os países-membros tenham jamais conseguido colocar de pé uma autoridade aduaneira comum. O Grupo Andino tentou ser uma UA, a caminho de um mercado comum, mas não conseguiu sequer ser uma ZLC completa, fragmentado por diversos projetos nacionais que rompiam suas regras mais elementares; mesmo transformado em Comunidade Andina de Nações (CAN), ele jamais avançou para um espaço econômico verdadeiramente integrado. Mercados comuns podem constituir UAs com parceiros selecionados, como a que existe entre a UE e a Turquia, ela mesma candidata a membro pleno do esquema comunitário. Outro exemplo de UA é a Comunidade de Desenvolvimento da África Austral (SADC), que reúne a República da África do Sul e diversos outras economias menores da África meridional (por sua vez, o Mercosul possui um APT com a SADC, embora de pequena expressão comercial). A Asean tem pretensões de evoluir para uma UA, mas não é seguro que ela consiga ir além de uma ZLC.

Entre uma UA e um mercado comum podem existir arranjos especiais que vão além da ZLC, mas sem atingir as obrigações contratuais de uma UA, como pode ser o caso da área econômica comum (EEA) entre a UE e países da Efta, que visa o estabelecimento de um espaço relativamente integrado, com normas e padrões industriais unificados (ou mutuamente aceitos), além de outras disposições (notadamente em transportes e comunicações) facilitadoras do comércio e das atividades econômicas as mais diversas. No futuro, o Mercosul pode pretender estabelecer padrões comuns e ampla liberalização e facilidades de acesso aos demais países da América do Sul (pertencentes ou não a outras ZLCs ou UAs), formando, portanto, um espaço econômico integrado [previsivelmente ao abrigo da União de Nações Sul-Americanas (Unasul), mas necessariamente registrado ao abrigo de outros esquemas previamente existentes, como o da Aladi e da própria OMC]. Esses "espaços econômicos comuns" não possuem regras que os disciplinem, nem disposições multilaterais a respeito, sendo antes arranjos *ad hoc*, essencialmente dependentes da vontade das partes.

4.3.2.2 Mercado comum (MC)

Possivelmente uma das formas mais complexas da integração, já que abarcando uma ZLC, uma UA e incorporando ainda muitas outras disposições de liberalização recíproca e de mútua aceitação de padrões, além de toda uma gama de regras comuns quanto a políticas macroeconômicas e setoriais. Na verdade, um MC compreende uma cessão quase completa de soberania econômica, pois o seu pressuposto é a aceitação de uma autoridade comum para estabelecer normas internas, válidas automaticamente em cada um dos países-membros, pelo menos teoricamente, e para negociar externamente com todo e qualquer parceiro do sistema multilateral de comércio (dentro ou fora da OMC).

O mais importante é que não se está falando apenas de derrubada de tarifas e adoção de uma TEC, mas da livre circulação de todos os fatores de produção (bens, serviços, capitais, pessoas) e do estabelecimento de políticas comuns em todas essas áreas. O exemplo histórico original, e de certa forma único até o momento, é o do mercado comum europeu, na verdade o tratado da CEE, que no entanto tardou algum tempo até alcançar a etapa de um mercado verdadeiramente unificado (atingido na maior parte dos casos em 1992), para o que não bastaram decisões executivas de seus órgãos superiores (Comissão e Conselho), mas requereram, muitas vezes, decisões da Corte Europeia de Justiça para obrigar países e governos a cumprirem as regras de liberalização de mercados e as normas comunitárias. Mais complexa ainda é a coordenação de políticas macroeconômicas, especialmente nas áreas financeira e monetária (em especial cambial), que tocam no coração das políticas soberanas de Estados independentes.

O outro exemplo de "mercado comum", o Mercosul, não constitui, na verdade, um caso em espécie, pois a despeito do que diz o Tratado de Assunção ("tratado para a constituição de um mercado comum entre Argentina, Brasil, Paraguai e Uruguai") não se conseguiu chegar sequer a uma UA completa. Deve-se reconhecer que não é fácil chegar a um mercado comum, e, se a Europa o fez, desde a Ceca, com seis países, chegando à atual UE, com 27 membros e outros candidatos, isso se deveu a fatores geopolíticos e não propriamente às necessidades econômicas dos Estados membros, uma vez que o comércio poderia se desenvolver (e já o fazia) mais ou menos livremente entre todos esses países vizinhos, com base em simples acordos de cooperação, ou na liberalização unilateral ou multilateral pura e simples, sem necessidade de complexos acordos de associação e de coordenação de políticas (que podem inclusive tornar o bloco um emaranhado de disposições setoriais de difícil administração).

4.3.2.3 União econômica e monetária (UEM)

Seria, teoricamente, a última etapa da integração econômica, antes de uma união política, ou uma federação de Estados (que alguns pretendem deva ser o futuro da Europa) mas com características diversas segundo os blocos concretos de que se está falando.

Não existe nenhum exemplo histórico de UEM, a não ser o da própria União Europeia, que na verdade não se apresenta assim para todos os membros, já que nem todos os países-membros aderiram à união monetária, a marca mais visível de uma UEM. A UE a 27 membros constitui, mais exatamente, um mosaico de arranjos diversos, cujo traço distintivo é a união aduaneira, ainda assim com vários monopólios nacionais remanescentes que obstam à formação de um mercado verdadeiramente unificado (em especial em certos serviços financeiros, ou bens coletivos, controlados pelo Estado em vários países). A união monetária da UE, por exemplo, abrangia em 2013, apenas 17 países dos 27 possíveis, mas mesmo assim vários aderentes à moeda única não poderiam ter sido aceitos na comunidade monetária com base nos próprios critérios estabelecidos em Maastricht quanto a juros, déficit orçamentário ou dívida pública (o que explica a falta de coordenação na área fiscal e crises de endividamento registrados na área). Se a "supranacionalização" é deficiente ou inoperante, na prática, uma UEM pode apresentar dificuldades de funcionamento, como se vê concretamente no caso da UE, que possui um Banco Central Europeu, responsável pela política cambial e de juros dos membros da UEM, mas não possui atributos para interferir, mesmo com a cooperação do Conselho Europeu de Economia e Finanças (Ecofin), nas políticas fiscais e setoriais dos Estados membros da UE. Esses membros, no entanto, participam do orçamento comunitário (e retiram "nacos", por exemplo, de sua política agrícola comum).

Além, e acima, de todos esses experimentos integracionistas, figuraria uma "união política", o que a UE também tenta ser, mediante uma "política externa e de segurança comum", que dá uma aparência de unidade ao que é, de fato, um conglomerado de Estados comprometidos com certos objetivos econômicos comuns (mais exatamente comerciais), mas não necessariamente engajados em políticas externas uniformes, uma vez que dispõe de visões diferentes quanto às prioridades nacionais no plano regional e mundial. A UE nunca foi um ator político relevante, menos ainda militar, no plano mundial, a não ser em circunstâncias e contextos muito limitados, geralmente vinculados a países dependentes de seus acordos comerciais (de fato antigas colônias africanas) ou em sua periferia imediata [ainda assim, ela nada teria feito nos Balcãs, por exemplo, sem o poderio da Organização do Tratado do Atlântico Norte (Otan), mais exatamente sem o poder aéreo dos Estados Unidos]. Em todo caso, nosso esquema de integração econômica não compreende as uniões políticas, que pertencem a um outro universo de organização estatal, sem um vínculo direto com os arranjos econômicos e comerciais que tentamos analisar no contexto dos acordos regionais de comércio e blocos de integração.

Deve-se levar em conta, entretanto, uma realidade prosaica: a despeito do perfil "quimicamente puro" de cada um dos tipos de integração examinados, na prática vários exemplos se apresentam com características de uns e outros, sem que os modelos principais sejam necessariamente eliminados. De fato, só existe um único mercado comum, caminhando para etapas mais avançadas de integração, que é o da UE (e seu mosaico de disposições interiores que vão da união aduaneira à unificação monetária, com pequenos surtos de políticas comuns em outras áreas). Existem várias outras ZLCs mais ou menos organizadas, entre as quais as mais institucionalizadas são as do Nafta e a que resta da Efta, e algumas outras na Europa central ou alhures, e que respeitam, na maior parte dos casos, as disposições do artigo XXIV do Gatt quanto às disciplinas aplicáveis nesses casos.

Todos os demais exemplos de ZLCs ou de APTs, independentemente do perfil aparentemente diferente de cada uma delas, estão, em certa medida, imbricadas entre si, tornando difícil um exame circunstanciado de suas peculiaridades ou realizações. Mesmo algumas UAs, que possuem TECs devidamente registradas na OMC, funcionam de modo muito flexível, apresentando características dos dois primeiros tipos, e não de um bloco comercial verdadeiramente integrado e obedecendo a regras comuns: este parece ser o caso do Mercosul, mais ainda da Comunidade Andina de Nações e, possivelmente, da SADC. Todas as demais ZLCs entre países em desenvolvimento funcionam mais como APTs do que como blocos de livre-comércio dignos do nome.

4.4 Perspectivas da regionalização e da globalização

Aparentemente, o "prato de espaguete", de que fala o economista indiano da Universidade de Columbia, Jagdish Bhagwati, é uma realidade do sistema multilateral de comércio na atualidade, e não existem perspectivas de que a situação se torne mais clara no futuro previsível.

As disciplinas e normas existentes no âmbito da OMC são derrogadas mesmo pelos mais importantes parceiros do comércio mundial, criando uma situação de regras fluidas que pode minar, em parte, o funcionamento de um sistema previsível e estável. Historicamente, a situação corresponde a uma fase de transição, entre o cenário relativamente fechado que era ainda a marca dos anos 1970 e 1980, quando países em desenvolvimento e socialistas ainda tentavam se posicionar de maneira independente do capitalismo global, e a situação atual, evoluindo lentamente para novas configurações econômicas e políticas, à medida que os progressos da globalização vão vinculando, de fato, os países e as economias entre si, ou seja, na ausência de acordos formais.

Se é possível fazer qualquer previsão quanto à evolução futura do sistema multilateral de comércio, no que concerne aos tipos de blocos comerciais aqui descritos e examinados, pode-se avançar a hipótese de que as formas mais elaboradas de integração, das UAs em diante, permanecerão relativamente raras, se alguma vier a existir no futuro previsível. O mais provável é a multiplicação das APTs e das ZLCs, notadamente entre países em desenvolvimento, com características de umas e outras se superpondo, em esquemas pouco ortodoxos e menos ainda quimicamente puros.

Em resumo, o sistema multilateral de comércio vai demorar para evoluir institucionalmente nos próximos anos, como ele pode eventualmente fazer entre as rodadas Tóquio e Uruguai, por exemplo, e os esquemas regionais de integração vão continuar se desenvolvendo de forma relativamente flexível, ou com disciplinas muito ligeiramente implementadas, como vem sendo registrado nas últimas duas décadas.

Como já registrado nas diversas rodadas do Gatt ao longo das décadas precedentes, assim como na história ainda recente da OMC, os setores de mais difícil liberalização, mesmo dentro dos próprios blocos de integração, vão continuar impondo limites aos esforços de abertura econômica conduzidos no plano multilateral ou entre parceiros do sistema multilateral de comércio, notadamente em agricultura, serviços financeiros, indústrias "culturais", trânsito de pessoas, investimentos em setores considerados estratégicos ou determinados serviços públicos. O único mercado comum existente na atualidade ainda apresenta "lacunas" de liberalização e heterogeneidade de regras em vários setores de interesse substantivo para uma "verdadeira" integração; não se pode esperar, assim, que esquemas mais elementares, a *fortiori* entre países em desenvolvimento, possam eliminar todas as barreiras potencialmente existentes para que a liberalização possa se afirmar de forma clara e plena.

O mais provável é que ocorra uma evolução a partir dos mesmos elementos estruturais hoje presentes no sistema multilateral de comércio, ou seja, os dois processos aqui examinados em diferentes graus de detalhe: a globalização, impulsionada pelas empresas multinacionais, e os esquemas regionais de diversos tipos se combinando em processos não necessariamente coordenados entre si, mas aproveitando lacunas e oportunidades de um ou outro sistema, até mesmo o oportunismo de governos na busca de "ganhos mercantilistas", ou de empresas com suas estratégias de divisão de mercados.

Em suma, o cenário aponta para a continuidade da regionalização, de forma relativamente descoordenada, ou errática, e para a marcha irreversível da globalização, com todos os altos e baixos que é possível esperar desses dois processos, em função de lideranças políticas, de tendências econômicas e de crises eventuais numa ou noutra ponta do sistema econômico mundial.

Questões para discussão

1. O que distingue um processo de integração caracterizado por um esquema institucional de tipo intergovernamental de um outro de caráter comunitário?
2. Quais as vantagens e desvantagens, ou os requerimentos, limites e condicionalidades, de um e outro tipo?
3. Quais as fases sucessivas de um processo de integração completo, de suas etapas mais elementares às mais complexas e sofisticadas?
4. O que poderia motivar países, de economias complementares ou mesmo diferentes, a fazer uma opção por simples esquemas preferenciais ou de livre-comércio, ou preferir, ao contrário, modalidades mais complexas de integração, do tipo união aduaneira ou mercado comum?
5. Escolha uma das modalidades de integração indicadas neste capítulo para fazer uma pesquisa mais avançada sobre suas características; indique exemplos concretos do tipo escolhido e tente discorrer sobre seus efeitos no sistema multilateral de comércio.

Para saber mais

ALMEIDA, Paulo Roberto de. Acordos minilaterais de integração e de liberalização do comércio: uma ameaça potencial ao sistema multilateral de comércio. In: GUERRA, Sidney (org.), *Globalização*: desafios e implicações para o direito internacional contemporâneo. Ijuí: Ed. Unijuí, 2006, p. 187-203.

________. Convergências e divergências no regionalismo econômico e político da América do Sul: evolução histórica, dilemas atuais e perspectivas futuras. In: MARINHO, Danilo Nolasco Cortes (org.). *Brasil e América Latina:* colaboração e conflito. São Paulo: Francis, 2009. p. 35-94 .

BALASSA, Bela. *Teoria da integração econômica.* Lisboa: Livraria Clássica, 1961.

COSTA, Carla. *Economia e política da construção europeia.* Lisboa. Terramar, 2005.

LAFER, Celso. *A OMC e a regulamentação do comércio internacional:* uma visão brasileira. Porto Alegre: Livraria do Advogado, 1998.

LAVIOLA, Mauro Oiticica. *Integração regional:* avanços e retrocessos. São Paulo: Aduaneiras, 2004.

PRAZERES, Tatiana Lacerda. *A OMC e os blocos regionais.* São Paulo: Aduaneiras, 2008.

Capítulo 5

POR QUE NÃO INTEGRAR: RAZÕES ANTIGAS E MODERNAS, BOAS E MÁS

Antes de examinarmos as experiências concretas de integração, com destaque para aquelas mais próximas do Brasil, ou das quais o Brasil participa [como o Mercado Comum do Sul (Mercosul), e a própria Associação Latino-Americana de Integração (Aladi)], seria conveniente repassar as possíveis razões pelas quais esses experimentos podem ser considerados também em seus aspectos negativos, quando não prejudiciais, seja à própria economia nacional, seja ao sistema multilateral de comércio. Com efeito, os processos de integração são, em geral, recebidos como avanços positivos do ponto de vista da competitividade nacional. Eles também são considerados etapas conducentes à liberalização precoce do comércio, em escala restrita, antes que os mesmos resultados possam ser alcançados no âmbito mais amplo do sistema multilateral de comércio. Mas é um fato que eles também podem causar efeitos adversos tanto no plano doutrinal quanto prático, os quais cabe considerar em qualquer análise teórica, ou no exame de casos concretos, com vistas a prover uma informação completa sobre esses importantes componentes do atual sistema multilateral de comércio.

Nesse sentido, seria interessante analisar, com algum grau de detalhe, os argumentos contrários aos acordos regionais, ou seja, os elementos de caução que devem guiar os "planejadores" e "decisores" da integração, de maneira que possam sopesar a adoção de políticas públicas, macroeconômicas e setoriais, com vistas a maximizar os efeitos positivos e minimizar os negativos de algum processo de integração concreto que desejem engajar.

Afinal de contas, em economia, sempre existem efeitos bons, razoáveis e francamente ruins em qualquer decisão ou escolha de políticas macroeconômicas ou setoriais (comercial ou industrial) que se faça. Quer seja o velho dilema de consumir ou de guardar para investir (para consumir mais adiante); quer a mais complicada tarefa de calcular a taxa de retorno entre duas, ou mais, alternativas de investimento; ou, ainda, angústia das angústias, determinadas decisões do mais alto impacto social e nacional: abrir ou fechar a economia, desvalorizar ou não o câmbio, abrir estradas ou sustentar industriais temerosos da concorrência estrangeira?

A razão principal deste capítulo (ou seja, a apresentação de argumentos contra a integração, o que pode parecer contraditório, num livro dedicado a esse tipo de processo) diz respeito à própria teoria do comércio internacional, e com determinadas justificativas "racionais" para o protecionismo comercial e para a discriminação contra parceiros não preferenciais. Com efeito, a modelagem concreta de qualquer política setorial que se decida empreender, neste caso, a definição por um tipo qualquer de esquema integracionista, é impactada não apenas pelo contexto concreto no qual se move uma determinada economia, como também sofre a influência, por vezes decisiva, de ideias econômicas (e até de ideologias) exibidas pelos principais decisores econômicos em circunstâncias específicas da vida nacional.

5.1 Examinando os efeitos adversos dos esquemas de integração

Quais seriam, portanto, os potenciais efeitos adversos de um esquema de integração, nos moldes clássicos das zonas de livre-comércio (ZLCs) ou das uniões aduaneiras (UAs)? A literatura a respeito costuma concentrar-se, em primeiro lugar, na clássica dicotomia entre "criação" ou "desvio" do comércio de bens (mas o mesmo poderia ser dito dos serviços e dos investimentos); ela usa esse critério para avaliar, não exatamente a utilidade, ou desejabilidade, de um esquema de integração, mas sua adequação às regras do sistema multilateral e, mais importante, seus efeitos eventualmente positivos (ou não) em termos de maximização do bem-estar dos agentes envolvidos (preferencialmente os próprios consumidores dos mercados afetados pelo esquema). Ou seja, um determinado esquema de integração será tanto mais positivo, e favorável, às economias envolvidas, quanto mais ele for capaz de aumentar o volume de comércio e de investimentos, e não "desviar" (ou limitar) fluxos nessas duas vertentes pois, nesse caso, seriam estabelecidos esquemas com outros parceiros econômicos mais indicados no quesito custo-benefício.

O mecanismo é simples e facilmente compreensível. Todo e qualquer esquema de integração prevê, axiomaticamente, a redução recíproca de tarifas e outras barreiras ao acesso de bens e serviços nos mercados das partes envolvidas. Com isso, as mercadorias ou serviços oferecidos obtêm uma vantagem competitiva em relação aos similares de terceiras partes, pela simples eliminação de um imposto gravoso situado numa alíquota determinada, geralmente consolidada, ou seja, registrada, no Acordo Geral de Tarifas Aduaneiras e Comércio (Gatt), ou alguma outra norma definida nos protocolos do Acordo Geral sobre Comércio de Serviços (Gats). Se as tarifas precedentes, ou mesmo as tarifas remanescentes ao acordo de integração se situarem em níveis muito elevados, pode-se dizer que o acordo em questão possui maior potencial de desvio de comércio do que de criação de comércio (que seria o caso com tarifas reduzidas e barreiras modestas).

Em outros termos, o consumidor do país A estará adquirindo um maior volume de bens do país B, participante do mesmo esquema de integração, não porque esses bens sejam melhores ou mais baratos do que eventuais similares do país C, não participante do acordo, mas simplesmente pelo efeito da tarifa fixada como proteção comum contra ofertas de terceiras partes. Observe-se que os bens assim adquiridos são efetivamente mais baratos, ou melhores, do que seus equivalentes no próprio país A (e se não fosse assim não haveria o efeito substituição) mas os do país B podem até ser mais caros, e/ou de menor qualidade, do que os similares ofertados por quaisquer outras economias alheias ao esquema de integração, sendo estes tão simplesmente prejudicados pela proteção subsistente à entrada em vigor do acordo.

O monitoramento desses efeitos, potencialmente distorcivos para terceiras partes, deveria ser feito pelo Gatt (ou, atualmente, pelo Comitê de Acordos Regionais da Organização Mundial do Comércio), mas nem sempre é fácil avaliar, medir ou prever todos os impactos efetivos do novo esquema regional sobre o comércio global dos países envolvidos no acordo de integração, uma vez que existe uma miríade de variáveis intervenientes que podem deslocar fluxos já consolidados de comércio ou mesmo intercâmbios prospectivos entre todos os parceiros comerciais.

Esses efeitos "desviantes" e discriminatórios contra terceiras partes comerciais em princípio beneficiárias do tratamento de nação mais favorecida são bem conhecidos, e integram a literatura econômica desde muito tempo. Eles foram teorizados pioneiramente pelo economista Jacob Viner, em seu famoso livro sobre as uniões aduaneiras, *The customs union issue*[1], publicado pouco antes de ser convidado a dar aulas sobre comércio internacional no Brasil, no início dos anos 1950. Ao introduzir suas seis conferências sobre comércio internacional e desenvolvimento econômico na Fundação Getulio Vargas do Rio de Janeiro, Jacob Viner não deixava de reconhecer que a teoria clássica do comércio internacional tinha, num certo número de aspectos, limitações enquanto guia para as políticas econômicas nacionais ou para a economia mundial nas circunstâncias daquele momento. Mas ele não deixava de reconhecer que a teoria clássica era, ainda, essencialmente válida, e que as tentativas de sua substituição, tanto por novas doutrinas, como por velhas doutrinas revividas, a ela opostas, estavam longe de ser, no conjunto, um marco de progresso intelectual.

De fato, os principais defeitos protecionistas de acordos regionais de integração estão mais vinculados a uma concepção protecionista que seus promotores mantêm a respeito do comércio internacional, do que propriamente derivados de cálculos econômicos muito elaborados quanto aos efeitos eventualmente distorcivos desse tipo de acordo sobre as estruturas econômicas nacionais. Deve-se registrar que os "desvios" de comércio, tão bem identificados, e recriminados, por Viner, são mais suscetíveis de ocorrer nos acordos desse tipo entre países em desenvolvimento do que nos concluídos entre economias avançadas. A América Latina é particularmente fértil, aliás, recorrente, nesses exemplos de acordos "desviantes", tanto por força de teorias ultrapassadas do comércio internacional, como por práticas estatais de políticas comerciais efetivamente protecionistas, e aqui, muitas vezes, mais por necessidades fiscais dos governos, do que por propósitos deliberadamente industrializantes ou desenvolvimentistas.

Com efeito, durante o século XIX, dispondo única e exclusivamente das receitas de poucos produtos primários de exportação, uma característica que, na verdade, se prolongou durante todo o século XX e que se manifesta ainda hoje em alguns países, os países latino-americanos recorreram aos impostos sobre o comércio exterior (ou seja, gravando tanto as importações quanto as exportações) como a fonte essencial, ou praticamente exclusiva, de recursos para o funcionamento do Estado e da própria economia.

Muitos economistas e mesmo historiadores econômicos, provavelmente ignorando o fato de que a famosa tarifa "hamiltoniana" (do nome do primeiro secretário do Tesouro dos Estados Unidos, Alexander Hamilton) também tinha sido colocada em níveis relativamente

1 VINER, Jacob. *The customs union issue*. New York: Carnegie Endowment for International Peace, 1950.

elevados por necessidades fiscais da jovem administração e não por propósitos declaradamente industrializantes, alegam que o precoce desenvolvimento industrial da grande economia da América setentrional se deveu a uma política comercial protecionista, ao passo que os países da América Latina, "submetidos" à hegemonia econômica britânica, teriam praticado políticas liberais em matéria de comércio exterior deixando, em consequência, de operar sua conversão industrial até uma data tardia, o que não corresponde exatamente à realidade histórica. Muitos dos defensores das "tarifas hamiltonianas" ao longo do século XIX argumentavam prioritariamente quanto à necessidade que tinha a União, ou seja, o Estado central, carente de recursos, de meios apropriados para investir em infraestrutura e para a elevação dos padrões educacionais.

A verdade é que, no caso do Brasil, a proteção tarifária elevou-se a níveis proibitivos mesmo antes da segunda metade do século XIX, com a famosa Tarifa Alves Branco de 1844, alcançando picos desconhecidos em qualquer outro país durante quase todo o Segundo Reinado e durante boa parte da Velha República, sem que daí resultassem efeitos industrializantes dignos de nota (o que também ocorreu em vários outros casos na região). Em diferentes outras ocasiões, a tarifa se elevou, ou foi modulada para produzir receitas, não necessariamente campeões industriais; apenas na segunda metade do século XX, junto com diversos outros países latino-americanos, o Brasil adota uma tarifa industrializante que aliás reduziu as receitas de comércio exterior a níveis insignificantes, já que o objetivo era efetivamente o de barrar a competição externa.

Em outros termos, se tarifas protecionistas fossem alavancas poderosas de um processo de industrializador, o Brasil e diversos outros países em desenvolvimento, especialmente latino-americanos, teriam se convertido, atualmente, em potências industriais, não em tradicionais exportadores de *commodities* que eles de fato são, com graus variados de industrialização em diversos casos, em virtude de outras políticas de estímulo que têm a ver com velhas e novas práticas protecionistas e diferentes medidas de estímulo industrial pelos Estados modernizadores da segunda metade do século XX. Existe, obviamente, uma série de outras variáveis, de natureza propriamente tecnológica, mais claramente vinculadas ao capital humano, que explicam por que os Estados Unidos conheceram um notável impulso industrial, aliás, praticamente desde a época da primeira Revolução Industrial, na Grã-Bretanha, que também estendeu-se, ainda que moderadamente, à "nova Inglaterra", ou seja, à costa leste setentrional dos Estados Unidos, enquanto seus vizinhos hemisféricos da América Latina permaneciam num estado de lassitude industrial durante todo o século XIX e em boa parte do XX.

5.2 A influência das teorias econômicas nas políticas de comércio internacional

Em todo caso, da mesma maneira que os Estados Unidos, os países latino-americanos foram seduzidos desde muito cedo pela literatura econômica protecionista, a começar pelo próprio Hamilton, pelo alemão Friedrich List, que, após ter visitado os Estados Unidos nos anos

1820, publicou seu livro sobre a defesa da "indústria infante", e diversos outros opositores teóricos e práticos da teoria ricardiana do comércio internacional (entre eles os americanos Henry Clay e Henry Carey, defensores do chamado *American System*, ou seja, a proteção da indústria infante e o protecionismo comercial). List foi o grande inspirador de seu principal seguidor no século XX, o romeno Mihaïl Manoïlesco, autor da extremamente comentada (quanto mal interpretada) "teoria do protecionismo", lida (e seguida) por muitos industriais brasileiros a partir dos anos 1930. Essa obra foi traduzida e publicada no Brasil, em 1931, por iniciativa do industrial Roberto Simonsen, um dos fundadores, nessa mesma época, do Centro das Indústrias de São Paulo; ela foi reeditada mais recentemente, com os mesmos propósitos e intenções, ou seja, servir de legitimação e de sustentação a políticas defensivas no terreno comercial como *Teoria do protecionismo e da permuta internacional.*[2]

Existe, é claro, muita controvérsia na literatura especializada, em especial na historiografia econômica, sobre o papel do protecionismo comercial na industrialização dos Estados Unidos. O fato é que esse país não se teria tornado o gigante industrial que já era no final do século XIX apenas com base numa política comercial protecionista, quando outras variáveis estiveram em jogo para construir uma base econômica sólida, competitiva no plano mundial (inclusive com uma mão de obra relativamente mais cara do que os concorrentes), baseada sobretudo na flexibilidade do sistema, na dimensão do seu mercado interno e na inovação tecnológica e ausência de barreiras à competição entre os agentes privados; os latino-americanos, que praticaram um protecionismo comercial tão (ou mais) extensivo quanto o dos Estados Unidos, não lograram desenvolver nenhuma indústria significativa, provando mais uma vez que o "rabo" comercial não consegue abanar sozinho o "cachorro" do desenvolvimento, na ausência de outras políticas favoráveis e de estímulos apropriados a serem dados pelo próprio mercado, não por governos inconstantes.

No que se refere, por sua vez, a Mihaïl Manoïlesco, o economista romeno não advogava simplesmente um protecionismo defensivo ou retaliatório, nem pretendia fechar a economia às vantagens do comércio internacional: Manoïlesco pretendia, de fato, demonstrar que valia a pena praticar um pouco de protecionismo sempre e quando o país se capacitava para mudar sua pauta de exportação para produtos de maior valor agregado, isto é, necessariamente industriais. Suas teses, assim como as de List, tiveram largo acolhimento nas faculdades de economia da América Latina.

Autores latino-americanos beberam nessas fontes e formularam suas próprias "contribuições" à teoria do comércio internacional, como o argentino Raul Prebisch, que propôs uma "teoria da deterioração dos termos de intercâmbio", prevendo uma espécie de maldição permanente para os exportadores compulsórios de matérias-primas, como os países da região;

---

2 MANOÏLESCO, Mihaïl. *Teoria do protecionismo e da permuta internacional*. Rio de Janeiro: Capax Dei, 2011.

daí a necessidade de implementação de políticas "listianas" de promoção da indústria nacional, eventualmente passando também pela integração regional. Prebisch formou, direta ou indiretamente, gerações de economistas latino-americanos, todos eles convencidos de que a teoria das vantagens comparativas ricardiana só poderia favorecer os países já industrializados, condenando todos os demais a serem eternos exportadores de matérias-primas. Atualmente, o defensor mais conhecido das teses de List e de Manoïlesco é o economista coreano de Cambridge, Ha-Joon Chang, que se esforça por provar que os países avançados também estão empenhados em "chutar a escada" (uma expressão que ele foi buscar em List) para impedir que os países em desenvolvimento os sigam no processo de industrialização, uma tese tão absurda, pelo seu evidente caráter "conspiratório", quanto efetivamente impossível de ser implementada no plano prático.

A teoria do comércio internacional foi sendo aperfeiçoada ao longo do século XX, se não em sua vertente "pura" das vantagens comparativas, pelo menos em termos de refinamentos nas metodologias analíticas, como os aperfeiçoamentos introduzidos nos anos 1930 pelo economista sueco Bertil Ohlin, a partir da importância quantitativa de diferentes fatores ou recursos nacionais, ou, mais tarde, por autores modernos, como Bela Balassa, ao sublinhar o papel das economias de escala no incremento do comércio exterior e ao tratar mais especificamente dos acordos regionais de integração. Foi o economista Bela Balassa quem estabeleceu a conhecida tipologia sobre os diferentes processos de integração, das formas mais elementares às mais complexas: em sua "teoria da integração econômica", ele trata da criação e desvio de comércio como resultado dos acordos regionais, bem como de seus efeitos sobre os parceiros não participantes. Antes dos refinamentos intelectuais de Bela Balassa, e na sequência de Jacob Viner, o economista inglês James Meade publicou *The theory of customs union*,[3] na qual ele elabora, com base tanto em sua experiência prática da Liga das Nações como nos ensinamentos teóricos de Viner, o primeiro modelo completo de equilíbrio geral dos esquemas de comércio preferencial, até então exemplificados unicamente pelos acordos da União Aduaneira entre Bélgica, Países Baixos e Luxemburgo (Benelux).

Mais recentemente, um "revisionista" como Paul Krugman, converteu-se em um dos expoentes da "política comercial estratégica", que é, aliás, o título de uma das obras por ele organizadas, *Strategic trade policy and the new international economics*.[4] Krugman adota uma abordagem revisionista sobre as virtudes de uma política liberal de comércio, como exemplificada em outra obra sua, *Rethinking international trade*.[5] Mas ele está longe de sugerir a adoção irrestrita do comércio administrado ou do protecionismo retaliatório. O que ele faz é demonstrar que o

3 MEADE, James. *The theory of customs union*. Amsterdam: North Holland, 1955.

4 KRUGMAN, Paul. *Strategic trade policy and the new international economics*. Cambridge, Massachusetts:The MIT Press, 1986.

5 KRUGMAN, Paul. *Rethinking international trade*. Cambridge, Massachusetts: The MIT Press, 1990.

comércio muitas vezes deriva das oportunidades abertas pelo aproveitamento das economias de escala por meio de exportações e não de supostas vantagens comparativas. Os padrões de especialização comercial não são necessariamente derivados das vantagens comparativas naturais (ou pelo menos da "dotação global de recursos" de um determinado país), mas de fatores arbitrários, tais como: eventos históricos, efeito eventual de processos cumulativos, mudanças tecnológicas e, por que não?, choques econômicos temporários.

Krugman contesta a visão puramente "ideológica" sobre o protecionismo, mostrando que, sob certas condições, ele pode ser um remédio "razoável" para determinada indústria. O que não quer dizer que todos os países devem, ao mesmo tempo, proteger um determinado ramo industrial considerado, por uma ou outra razão, "estratégico". Com a ajuda de modelos matemáticos, Krugman procura demonstrar, no entanto, que, se um determinado país decide proteger certa indústria, a aeronáutica civil, digamos, ele pode conseguir economias de escala suficientes para criar um ganho líquido, ou até mesmo preços menores para os consumidores nacionais.

Essa nova teoria do comércio internacional não é exatamente um substitutivo à tradicional defesa do livre-comércio no campo da política comercial, mas ela pode, sim, representar uma espécie de *"second-best case"*, no qual, pela utilização de certos mecanismos (subsídios à exportação, tarifas temporárias e outros), um país pode alterar a especialização internacional em seu favor. Dessa forma, Krugman tenta limitar a longa dominação de Ricardo (vantagens comparativas relativas) sobre Adam Smith (economias de escala, mais do que vantagens absolutas). Elaborando sobre a doutrina do desenvolvimento desigual e a perene questão da divisão entre países ricos e pobres, Krugman procura demonstrar que a história pesa: uma pequena disparidade inicial na industrialização pode levar a uma crescente desigualdade no decorrer do tempo. Ele chega mesmo a reconhecer méritos nas teorias de Lênin e de Hobson sobre o imperialismo, o que parece um inesperado reforço intelectual aos proponentes da "teoria da dependência" latino-americana. Mas, ainda que Krugman admita que certo grau de proteção doméstica pode representar um mecanismo aceitável de promoção de exportações e de transferência de renda, ele alerta que a estratégia não pode pretender um funcionamento adequado se generalizada para o conjunto da indústria.

5.3 O pensamento latino-americano

O pensamento latino-americano alimentou-se mais nessas fontes que defendiam certo ativismo nas políticas macroeconômicas em geral, e nas setoriais de modo particular, com muita ênfase nas políticas comerciais e industriais, que nos autores e doutrinas liberais, o que explica o enorme "sucesso" dos acordos comerciais e dos projetos de integração ao longo do tempo. Desde o início do processo, nos anos 1950, inclusive respondendo a estímulos dados pela Comissão Econômica para a América Latina (Cepal), foram tentados diversos experimentos, em escala regional e sub-regional, com diferentes graus de aprofundamento da liberalização, sem que os resultados efetivamente registrados tenham correspondido às expectativas despertadas no início desses esquemas. As razões dos reduzidos ganhos líquidos dos processos de integração implementados na América Latina se devem tanto aos conhecidos efeitos de "desvio" de comércio, como antecipados pelos teóricos do comércio internacional, quanto em função das políticas industriais substitutivas que a maioria dos países praticaram ao longo dos anos.

O Mercado Comum Centro-Americano (MCCA), por exemplo, criado antes de 1960, nunca se concretizou. Mesmo que o tivesse feito, seu impacto teria sido mínimo, seja no entorno geográfico, seja no plano mundial. A Associação Latino-Americana de Livre-comércio (Alalc) de 1960, por sua vez, avançou modestamente, no início, em suas pretensões comercialistas, organizadas em listas nacionais, com objetivo de reduzir gradualmente as tarifas incidentes, e em uma lista comum. Mas logo estagnou na formação da zona de livre-comércio que deveria cobrir o essencial desse intercâmbio no espaço de 12 anos. Uma recondução política do processo, adotada ao cabo dessa primeira etapa, tampouco conseguiu fazê-la recobrar o ímpeto inicial, a despeito de continuadas promessas de abertura e de liberalização.

Os fatores do fracasso são tanto econômicos, por exemplo, a vocação autárquica de muitos países, sua orientação, durante todo o período, para políticas industrializadoras substitutivas e, portanto, fortemente protecionistas, como políticos, com a onda de golpes militares de direita e de esquerda, que varreu o continente desde a ascensão de supostos perigos comunistas, a partir da radicalização da revolução cubana, em 1961, e do incremento da atuação de movimentos de esquerda em quase todos os países.

O desejo de integração, fortemente retórico, aliás, sucumbiu às realidades da pequena disposição à abertura econômica na maior parte dos países e ao escasso entusiasmo integracionista das elites militares que assumiram os governos em diversos países. Em todo caso, a amplitude dos compromissos livre-cambistas assumidos não encontrava correspondência nas condições econômicas efetivas dos países da região, inclusive do ponto de vista da precária logística integracionista para enfrentar barreiras físicas tão importantes quanto as existentes no plano das políticas macroeconômicas e setoriais. A África pós-independência e descolonização política assim como partes da Ásia Oriental também experimentaram avanços e fracassos em alguns experimentos integracionistas, por causas muito diversas em cada exemplo, mas todas elas relacionadas às políticas internas pouco propensas a uma real liberalização dos intercâmbios.

5.4 A integração na América Latina

No caso da América Latina, ocorreu uma combinação de fatores que redundou no fracasso da maior parte dos experimentos, até que o processo enveredasse pelo caminho da sub-regionalização, como no caso do Mercado Comum do Sul (Mercosul), ou que os países mais liberais decidissem abandonar esses esquemas multilateralistas muito ambiciosos para adotar acordos bilaterais de livre-comércio, como foi o caso do México e do Chile, em especial. No início havia o desejo de emular os países europeus, mas também a ideia de que a superação da dependência das exportações de matérias-primas passava pela industrialização com integração regional, ou seja, proteção contra a concorrência dos países avançados via políticas substitutivas e artificialmente dirigidas para dentro. Na verdade, quem mais se beneficiou dos esquemas de integração na América Latina foram as empresas multinacionais estrangeiras, que podiam planejar sua localização geográfica na região, com base em acordos preferenciais ou de liberalização completa que de fato as protegiam da competição externa, ao mesmo tempo em que asseguravam uma reserva de mercado garantida pelos acordos parciais ou setoriais.

Observou-se, portanto, certo crescimento do comércio entre países latino-americanos, mas uma série de outros efeitos indesejados não tardaram a se manifestar. Esses esquemas de integração negociados politicamente, sob a pressão de lobbies setoriais, e não apenas com base em estímulos de mercado, levam a mudanças nos preços relativos de diferentes insumos e de produtos intermediários; esse fator pode conduzir a várias outras distorções no jogo econômico, nem sempre compatíveis com a maior integração dos países-membros desses acordos aos grandes fluxos do comércio mundial. De fato, não apenas em virtude dos acordos de integração, mas também em função de outros equívocos macroeconômicos, os países latino-americanos perderam presença nos mercados mundiais de forma consistente desde os anos 1960, numa trajetória completamente inversa àquela conhecida pelos países asiáticos, que aumentaram gradualmente, mas de modo significativo, a sua participação nos intercâmbios internacionais (não necessariamente nos mesmos mercados, uma vez que a América Latina continua a exportar basicamente *commodities*, ao passo que os asiáticos penetraram agressivamente nos diferentes nichos de produtos manufaturados).

Ainda que pequena, talvez uma parte da responsabilidade por essa erosão de competitividade e de presença internacional possa ser atribuída, no caso latino-americano, ao caráter introvertido de boa parte dos esquemas e arranjos integracionistas concebidos ao longo do tempo. Em confronto com essa experiência menos positiva da integração, os países asiáticos consentiram em vincular-se a cadeias mais vastas de produção, diretamente conectadas ao comércio internacional, em lugar de buscar privilegiar essencialmente produtores locais, como sempre foi o espírito nacionalista dos países latino-americanos.

Em outros termos, as indústrias latino-americanas, já insuladas da concorrência externa por barreiras tarifárias e não tarifárias que, na média, sempre foram superiores às praticadas em outros continentes, eximiram-se de pressões competitivas de fora da região ao concertarem entre si, por intermédio de seus governos, acordos de integração focados justamente na reserva de mercados; acresce a esse fator a baixa intensidade tecnológica da maior parte delas, o que não é suscetível de ocorrer quando acordos de integração são feitos entre países avançados e em desenvolvimento, cujos efeitos tecnológicos e estímulos industriais tendem a ser mais positivos para os segundos que os tradicionais acordos preferenciais entre países em desenvolvimento.

Existem também dificuldades intrínsecas aos esquemas de integração, que podem estar vinculadas à implementação deficiente de suas regras internas pelos países-membros, seja como uma zona de livre-comércio incompleta, seja uma união aduaneira recheada de exceções nacionais, ou ainda a aplicação de salvaguardas de maneira arbitrária ou mesmo ilegal. Tal parece ser o caso do Mercosul, ao seio do qual um de seus membros mais importantes pratica tal tipo de exercício, contra o espírito e a letra do Tratado de Assunção e até mesmo contra as regras pertinentes do sistema multilateral de comércio.

Mas, mesmo no âmbito do Acordo de Livre-comércio da América do Norte (Nafta), um tipo de acordo aparentemente mais adepto do *"rule of law"* do que os turbulentos sul-americanos, podem ocorrer "acidentes", inclusive por parte do membro mais influente, e poderoso. Depois de obstar durante anos o ingresso de caminhões mexicanos no território dos Estados Unidos, sob pretexto de que eles não cumpriam os altos requisitos exigidos dos transportadores norte-americanos, esse país continuou a colocar barreiras setoriais contra o ingresso de determinados produtos mexicanos em seu mercado, como ocorreu ainda em 2012 com os tomates importados do país latino.

5.5 Uma avaliação complexa

Os argumentos acima alinhados, seja no plano teórico, seja em seus exemplos práticos, demonstram, portanto, que não é fácil medir ou avaliar os efeitos reais de um esquema de integração, uma vez que diferentes variáveis sempre estão em jogo, influenciando os ganhos líquidos reais derivados dos diferentes esquemas negociados entre os países (ganhos líquidos para os consumidores, entenda-se, não para agentes monopolistas, que podem até beneficiar-se de certos esquemas). Como regra geral pode-se dizer que parceiros contíguos geograficamente de certo têm interesse em se integrar uma vez que a liberalização comercial, ou seja, a eliminação das medidas de fronteira, encontre um ambiente no qual o comércio tenda a fluir naturalmente. Da mesma forma, dois países dotados de amplos mercados internos, de configurações relativamente similares, têm interesse em liberalizar os intercâmbios, de maneira a permitir que suas empresas explorem economias de escala e caminhem no sentido da especialização, aumentando, portanto, o grau de comércio intraindustrial e até intrafirmas, que constitui, atualmente, grande parte do comércio internacional.

Adicionalmente, as diferenças de vantagens competitivas entre dois ou mais países, ou seja, entre níveis de desenvolvimento tecnológico, podem ser fatores positivos que impulsionem justamente a especialização e o aumento do comércio interindustrial; essa característica nem sempre recomenda, portanto, programas governamentais de redução artificial de "assimetrias estruturais", pelo menos quando não correspondem a impulsos naturais de mercado.

Políticas governamentais que pretendem "salvar empresas" e empregos, independentemente de suas vantagens comparativas adquiridas via mercados, podem, dessa maneira, reforçar os elementos de desvio de comércio em esquemas de integração, contribuindo, portanto, para a redução dos efeitos líquidos positivos de acordos desse tipo. Mais difícil ainda é medir os efeitos reais dos diferentes tipos de abertura quando os esquemas envolvidos se situam nas primeiras etapas da integração (áreas preferenciais e zonas de livre-comércio) uma vez que os países conservam liberdade de política comercial vis-à-vis terceiras partes e podem, assim, negociar acordos adicionais, com outras cláusulas de exclusividade ou mesmo regras de origem.

Em conclusão, constata-se que o cenário já confuso do comércio internacional apresenta-se ainda mais complexo na presença de dezenas (mais importantes) ou centenas (ainda que muitos inoperantes) de acordos regionais, cada um deles envolvendo peculiaridades ligadas às políticas nacionais, às características econômicas e sociais dos países e, não menos importante, à "ideologia" econômica de seus promotores (que pode ser mais ou menos intervencionista, e geralmente se revela dirigista). Em qualquer hipótese, não se deve esquecer que os acordos regionais de integração são inerentemente discriminatórios, no sentido da cláusula de nação mais favorecida, devendo, portanto, ser monitorados por todos os membros do sistema multilateral de comércio com vistas a diminuir seu impacto desviante e realçar seu potencial de liberalização futura em proveito da maioria. Cabe agora, nesse sentido, examinar o que o sistema multilateral tem a dizer sobre esses acordos.

Questões para discussão

1. Por que um processo de integração dotado de efeitos eminentemente positivos, poderia, também, apresentar aspectos negativos?
2. Quais consequências práticas, ou seja, no plano econômico, podem redundar de um esquema de integração que se volta basicamente para dentro das fronteiras dos próprios membros?
3. Quais medidas os governos dos países-membros poderiam adotar para minimizar eventuais efeitos negativos de um processo de integração e para maximizar seus aspectos positivos?
4. Por que, na prática, torna-se difícil isolar os efeitos negativos do impacto geralmente positivo de um processo de integração?
5. Como terceiros países ou o sistema de comércio internacional (no caso, a OMC, representada por seu Comitê de Acordos Regionais) poderiam induzir os processos concretos de integração a se pautarem pelo chamado "regionalismo aberto"?

Para saber mais

ALMEIDA, Paulo Roberto de. Seria o Mercosul reversível?: Especulações teóricas sobre trajetórias alternativas concretas. Revista *Universitas Relações Internacionais*, v. 9, n. 1, p. 39-71, jan.-jun. 2011.

________. Dilemas atuais e perspectivas futuras do regionalismo sul-americano: convergências e divergências. *Temas e Matizes*, v. 7, n. 14, p. 73-95, 2008.

________. Falácias acadêmicas, 5: o mito do complô dos países ricos contra o desenvolvimento dos países pobres. *Espaço Acadêmico*, ano 8, n. 93, fev. 2009.

BALASSA, Bela. *Teoria da integração econômica*. Lisboa: Livraria Clássica, 1961.

CHANG, Ha-Joon. *Chutando a escada*: estratégia de desenvolvimento em perspectiva histórica. São Paulo: Unesp, 2004.

________. *Maus samaritanos*: o mito do livre-comércio e a história secreta do capitalismo. Rio de Janeiro: Elsevier, 2009.

MANOÏLESCO, Mihaïl. *Teoria do protecionismo e da permuta internacional*. Rio de Janeiro: Capax Dei, 2011.

Capítulo 6

COMO SE PROCESSA A INTEGRAÇÃO NO PLANO INTERNACIONAL?

A primeira coisa a ser dita, no que se refere ao impacto sistêmico dos acordos regionais de integração, é que eles atuam no sentido contrário ao das tendências estabelecidas na história e até da teoria do comércio internacional. Ambas demonstram e proclamam as vantagens da abertura comercial e a não discriminação comercial como fatores positivos na criação de graus ampliados de bem-estar e na disseminação de tecnologias. Com efeito, a teoria econômica, desde Adam Smith e David Ricardo, passando por John Stuart Mill, até os contemporâneos, como Jacob Viner, Bela Balassa, Jagdish Bhagwati e outros, já estabeleceu os fundamentos teóricos e práticos dos regimes de intercâmbio, com amplas evidências em favor da liberalização comercial unilateral e da especialização produtiva, em função das vantagens comparativas relativas de que são dotadas, individualmente, as economias nacionais, como formulado teoricamente por Ricardo. Não existem objeções teóricas de monta ao regime de livre-comércio, a não ser restrições circunstanciais, derivadas dos desafios colocados de modo localizado pelo deslocamento de fatores de produção e o desemprego temporário, com a consequente perda de renda, naqueles países assim impactados pela concorrência de bens e serviços estrangeiros.

Como ressaltou, em meados do século XIX, o economista britânico John Stuart Mill,[1] seguido na era contemporânea pelo historiador de Harvard, David Landes, os efeitos do comércio exterior, do ponto de vista intelectual e moral, são ainda mais importantes do que as suas vantagens econômicas. De fato, evidências a favor da liberalização comercial, de preferência com a aplicação irrestrita, incondicional e ilimitada da cláusula de nação mais favorecida, se acumulam desde a decretação unilateral do livre-comércio, pela Grã-Bretanha, em 1856, e desde a adoção, em 1860, do tratado de livre-comércio entre esse país e a França, chamado Cobden-Chevalier, adotando o nome dos dois ministros que o negociaram.

Ainda que, nas décadas seguintes, o protecionismo fizesse progressos em diversos países europeus e nos Estados Unidos sob pretexto de proteção da indústria infante, com argumentos "desenvolvimentistas" *à la List*, em especial na França ainda colbertiana, os benefícios do comércio desimpedido recolhem o consenso dos economistas sensatos, mesmo se os políticos "sensatos" estão prontos a reconhecer a validade do argumento, mas apenas em teoria, e não seguem necessariamente suas consequências práticas.

Já o mesmo consenso não se estabeleceu em relação à integração comercial e à formação de blocos comerciais restritos, sempre vistos como discriminatórios e potencialmente distorcivos das condições de concorrência. A constituição do Zollverein, por exemplo, em 1834, impediu, em grande medida, que o Brasil imperial reconduzisse acordos comerciais preferenciais com algumas das cidades-estados alemãs da antiga Liga Hanseática, em virtude das dificuldades para que as partes negociassem concessões específicas com respeito aos intercâmbios mantidos com algumas delas. Isso ocorria, contudo, num período em que as

1 MILL, John Stuart. *Principles of Political Economy*. EUA: Hackett Publishing, 1848.

concessões negociadas eram baseadas numa estrita reciprocidade, sem os benefícios do multilateralismo comercial, que só surgiria, praticamente, em meados do século XX, depois dos experimentos frustrados da Liga das Nações.

6.1 O itinerário contemporâneo dos blocos econômicos

Ainda assim o fenômeno dos blocos econômicos continuou a progredir no âmbito europeu. Depois do Zollverein, ao qual aderiu o grão-ducado de Luxemburgo, este país, soberano desde 1867, concretiza com a Bélgica, em 1922, uma união econômica, efetiva não apenas no terreno alfandegário mas igualmente no plano monetário, ainda que cada uma das partes conservasse a soberania emissionista. Com base em discussões e grupos de trabalho, que se seguiram à grande crise do início dos anos 1930, os dois reinos, mais o dos Países Baixos, decidem, em 1933, avançar em direção a uma união econômica. Esse projeto, no entanto, foi dificultado pelo ambiente de crise e, depois, pela invasão nazista do início da Segunda Guerra Mundial. Ainda com os territórios ocupados por tropas alemãs, os governos desses países, no exílio em Londres, resolvem, em setembro de 1944, proclamar sua decisão de instituir uma união aduaneira.

A convenção aduaneira de Londres é completada por um Protocolo assinado em Haia, em 14 de março de 1947, que entra em vigor no ano seguinte. Por meio dessa convenção, os três Estados decidem suprimir os direitos alfandegários nas fronteiras internas e instituir uma tarifa externa comum, mas num esquema intergovernamental, sem cogitar a criação de instituições comunitárias. Assim, a União Aduaneira entre Bélgica, Países Baixos e Luxemburgo (Benelux) era praticamente o único acordo de integração em vigor quando, depois de Bretton Woods, os países se reúnem para montar a terceira perna, agora comercial, da nova ordem econômica internacional.

São essas disposições que estão na mente dos negociadores diplomáticos reunidos em Genebra, de março a outubro desse mesmo ano, para finalizar os termos de um acordo provisório, regulando normas de comércio e concessões tarifárias aplicáveis, até que um tratado mais completo pudesse ser concluído, numa conferência diplomática já convocada para Havana no final de 1947. Mas, se elas permitiram moldar o quadro conceitual pelo qual seria formatado o famoso artigo XXIV do Acordo Geral de Tarifas Aduaneiras e Comércio (Gatt), elas não foram as únicas presentes na realidade das negociações diplomáticas que determinariam os termos exatos do Artigo I (cláusula NMF) e do Artigo XXIV (que justamente concretiza a exceção do comércio preferencial à cláusula NMF).

Assim como em Bretton Woods, em Genebra, e nas diversas localidades que abrigaram reuniões preparatórias ao Acordo Geral e, depois, à Carta da Organização Internacional de Comércio (OIC), o enfrentamento determinante foi entre a Grã-Bretanha e os Estados Unidos, justamente em função dos arranjos imperiais britânicos que vinham opondo os dois grandes representantes do capitalismo anglo-saxão desde o início dos anos 1930 e mais exatamente a partir da Carta do Atlântico (1942) e dos acordos bilaterais de empréstimos e arrendamentos (*Lend-Lease Agreements*).

Na verdade, depois de ter sido a campeã do livre-comércio desde a abolição das Corn Laws (as famosas leis de proteção da produção agrícola nacional) em meados do século XIX, a Grã-Bretanha reverteu gradualmente sua posição liberal a partir do final desse século e do início do século XX; nessa época, tanto os conservadores (*tories*), quanto os trabalhistas, emergindo então para a política nacional, começavam a demandar proteção contra a concorrência de produtos alemães e americanos, que já tinham alcançado e superado a competitividade internacional do comércio exterior britânico, ao conduzirem processos bem-sucedidos de capacitação industrial e tecnológica no último terço do século XIX.

As reações contra a política comercial liberal se exerceram junto à opinião pública e no Parlamento britânico desde a aprovação das Corn Laws; mas a ofensiva adquiriu novos tons de ativismo quando, em 1903, Joseph Chamberlain, o líder dos conservadores (partido Tory, que dividiu o poder com os liberais whigs, durante todo o século XIX), proclamou, num encontro do partido em Birmingham, que acreditava num império britânico que, mesmo tendo como primeira tarefa cultivar amizade com todas as nações do mundo, deveria tornar-se autossustentado e autossuficiente, capaz de manter-se por si mesmo contra a competição de todos os seus rivais, aqui pensando, obviamente, na Alemanha e nos Estados Unidos, e já preparando a reversão protecionista às políticas de livre-comércio iniciadas meio século antes. Foi o que efetivamente ocorreu nas três ou quatro décadas seguintes.

Essa reversão se deu não apenas pelo aumento ou reintrodução de tarifas alfandegárias que tinham sido rebaixadas ou eliminadas nas décadas anteriores, mas, sobretudo, pela conformação de um "pacto colonial", vinculando todos os membros da Commonwealth numa mesma área de preferências tarifárias e de exclusões contra terceiras partes, o que não deixou de provocar reações nos próprios membros da comunidade britânica, que foram "estimulados" a adquirir produtos da metrópole, em lugar de concorrentes mais baratos dos vizinhos, e de outros parceiros importantes, como os Estados Unidos e países da Europa. O auge do neoprotecionismo britânico se deu na conferência de Ottawa, em 1932, quando, complementando as medidas defensivas já adotadas em reação à crise econômica de 1929 e à crise financeira iniciada em 1931, a Grã-Bretanha cria uma área de preferências comerciais, as *imperial preferences*, que acirra as disputas comerciais com todos os parceiros excluídos, em especial com os Estados Unidos.

Pelo resto da década, durante toda a guerra, em Bretton Woods e nas conferências econômicas do pós-guerra, a Grã-Bretanha e, com ela, alguns outros países defenderam acirradamente a preservação de suas zonas exclusivas, obrigando os negociadores do acordo geral de comércio a conceder essa derrogação ao princípio do tratamento de mais favor. Isso explica por que o

Acordo Geral sobre Tarifas Aduaneiras e Comércio, que deveria ser inserido posteriormente como um dos capítulos da Carta sobre Comércio e Emprego, que criou, no papel, uma Organização Internacional de Comércio, em março de 1948, passou a estipular, ao lado das disposições multilateralistas e antidiscriminatórias do Artigo I (NMF), qualificações "minilateralistas", em seu artigo XXIV, alertando que os princípios gerais desse acordo não poderiam ser interpretados no sentido de obstaculizar as vantagens concedidas por uma parte contratante a países limítrofes para facilitar o comércio fronteiriço (o que constitui, obviamente, uma das bases do regionalismo). Mais concretamente, o Artigo XXIV se estende em diversas disposições especiais sobre as derrogações de tipo preferencial à cláusula NMF, nomeadamente as seguintes:

> 5. (...) as disposições deste Acordo não impedirão, entre os territórios das partes contratantes, a formação de uma união aduaneira ou de uma área de livre-comércio, ou a adoção de um acordo provisório necessário à formação de uma união aduaneira ou de uma área de livre-comércio, à condição que:
> a) Com respeito a uma união aduaneira, ou um acordo provisório levando à formação de uma união aduaneira, os impostos e outras regulações de comércio estabelecidas na instituição de uma tal união ou acordo provisório, relativas ao comércio com partes contratantes não participantes dessa união ou acordo, não sejam, no geral, mais elevados nem mais restritivos do que a incidência geral dos impostos e outras regulações de comércio aplicadas nos territórios das partes constituintes anteriores à formação dessa união, ou da adoção desse acordo provisório, conforme o caso; (...)
>
> 7. a) Qualquer parte contratante que decida ingressar numa união aduaneira ou numa área de livre-comércio, ou em algum acordo provisório levando à formação dessa união ou área, deverá notificar prontamente as PARTES CONTRATANTES [*ou seja, o conjunto das partes contratantes ao Gatt, atuando conjuntamente*] e deverá tornar a elas disponíveis todas as informações relativas à união proposta, de forma a habilitá-las a elaborar relatórios ou fazer recomendações às partes contratantes, segundo julguem apropriado.
>
> 8. Para fins deste Acordo:
> a) Uma união aduaneira deve ser entendida como a substituição de dois ou mais territórios aduaneiros por um único território aduaneiro, de forma que:
> i) os direitos aduaneiros e outras regulações restritivas de comércio aplicáveis (...) são eliminados com respeito a substancialmente todo o comércio entre os territórios da união, ou pelo menos com respeito a substancialmente todo o comércio de produtos originários desse território.

De forma geral, portanto, a derrogação à cláusula de nação mais favorecida pode ser feita à condição que os direitos aplicáveis às terceiras partes sejam, no conjunto, iguais ou inferiores àqueles aplicados anteriormente (do contrário deve haver algum ajuste compensatório para as partes eventualmente prejudicadas); que o acordo seja conduzido de modo transparente e devidamente notificado às demais partes contratantes; que esse processo se desenvolva em um prazo razoável, entre 10 e 12 anos de implementação; e que, tanto a união aduaneira quanto a zona de livre-comércio compreendam a maior parte dos fluxos de comércio entre as partes reunidas num único território aduaneiro, de modo a evitar acordos setoriais que desviem comércio de outras partes contratantes, segundo modalidades oportunistas de seleção de produtos.

O cuidado adotado na redação desse artigo evidencia, portanto, os possíveis efeitos prejudiciais às demais partes contratantes, antevistos com a derrogação de um dos princípios basilares do Gatt, que é a cláusula NMF. Um dispositivo semelhante pode ser encontrado no acordo geral sobre serviços, o Acordo Geral sobre Comércio de Serviços (Gats) de 1994, cujo artigo V admite uma liberalização restrita a acordos regionais de integração, à condição que a liberalização inclua setores essenciais (assim como volumes de comércio, número de setores e procedimentos de fornecimento).

6.2 O mercado comum

No plano da história concreta, o passo seguinte à adoção do Gatt, que entrou provisoriamente em vigor, entre poucas partes contratantes, em janeiro de 1948, foi a constituição de um mercado comum parcial, restrito à exploração e comercialização do carvão e do aço, envolvendo os três membros do Benelux, a Itália e, obviamente, a França e a Alemanha, que foram os seus principais promotores. O tratado de Paris, de 1951, que instituiu a Comunidade Europeia do Carvão e do Aço (Ceca), é, inclusive, superior no plano orgânico ao acordo de união aduaneira de 1947, já que deu início, pela sua conformação supranacional, em oposição ao sistema intergovernamental do Benelux, ao processo de elaboração do direito comunitário que faria progressos nas décadas seguintes, exclusivamente no âmbito europeu (ainda que com efeitos de emulação para outros países em outros continentes, como na América Latina).

O Brasil e os países do cone sul da América do Sul, que estiveram na origem do processo de aproximação e de liberalização comercial latino-americana, esperavam concluir um acordo bem mais modesto do que aquele estipulado nos dispositivos do Gatt, tanto em seu escopo liberalizador, que eles concebiam sob a forma de uma zona de preferências tarifárias, simplesmente, como na abrangência geográfica do esquema, que eles pensavam restrita aos países de maior intensidade de comércio recíproco, justamente, os do Cone Sul. No entanto, devido às disposições do artigo XXIV do Gatt, que mencionava, expressamente, zonas de livre-comércio e uniões aduaneiras, tão somente, aparentemente não era possível constituir uma "mera" zona de preferências tarifárias e se tinha de passar diretamente ao esquema mais abrangente do livre-comércio. Contraditoriamente, portanto, a derrogação à cláusula de nação mais favorecida não podia envolver graus menores de discriminação contra terceiros, como seriam os da zona de preferências tarifárias, devendo "escalar" o potencial discriminatório em esquemas de maior escopo comercial. Alguns outros experimentos de integração foram tentados, logo em seguida, em outros continentes, sem, contudo, alcançar a importância institucional e a efetividade comercial dos diferentes esquemas europeus conhecidos desde a origem do Gatt – Benelux, Mercado Comum Europeu (MCE), Comunidade Econômica Europeia (CEE) e Associação Europeia de Livre-comércio (Efta).

O fato é que a evolução respectiva desses diferentes esquemas liberalizadores foi muito diversa, segundo as características dos países envolvidos em cada região, de seus respectivos coeficientes de abertura externa e, sobretudo, dos processos políticos subjacentes a essas diversas experiências de integração. Na Europa, o clima da Guerra Fria, o desejo dos países-membros, em especial França e Alemanha, de escapar à dupla hegemonia dos dois grandes, aos desafios colocados pelos capitais americanos em concorrência direta com suas indústrias nacionais e a vontade sincera de escapar aos trágicos precedentes de conflitos militares entre eles fizeram que os processos de integração, no caso do MCE-CEE, e de liberalização comercial, no caso da Efta, avançassem de forma relativamente satisfatória no espaço de poucos anos. Colocado em vigor em 1958, o tratado de Roma relativo ao MCE conseguiu conformar seu formato de união aduaneira no período estipulado de dez anos, com a implementação da Tarifa Externa Comum (TEC) e de uma autoridade alfandegária única dentro dos prazos previstos.

Ainda que o processo europeu entrasse numa fase de relativa estagnação no decorrer dos anos 1970, basicamente a partir da derrocada do sistema monetário de Bretton Woods, em 1971-73, e da estagflação iniciada com a primeira crise do petróleo, neste último ano, com a introdução indevida de diversos obstáculos ao comércio recíproco via barreiras não tarifárias, oportunamente derrubadas pelo Tribunal Europeu de Justiça, a corte de Luxemburgo, os progressos da integração foram sensíveis e visíveis, a ponto de os países-membros considerarem o projeto de uma moeda comum já para meados daquela década. Os seis membros originais receberam a adesão ao esquema da união aduaneira, no início dessa década (1972), de três novos membros (Reino Unido, Irlanda e Dinamarca, que, no entanto, sempre foram arredios a dispositivos comunitários muito intrusivos), estabilizando-se então o corpo de membros até meados da década seguinte, quando ingressaram Grécia (1981) e, conjuntamente, Portugal e Espanha (1986), os três emergindo de ditaduras.

A despeito de alguns problemas no âmbito do Gatt, como a contestação aos tratamentos preferenciais oferecidos às ex-colônias europeias em matéria de acesso a mercados, efetuada por países ofertantes de *commodities* similares (entre eles o próprio Brasil), ademais de contenciosos (com os Estados Unidos, por exemplo) localizados em áreas agrícolas e industriais, pode-se dizer que os esquemas liberalizadores dos países europeus, em matéria de livre-comércio e de união aduaneira, responderam razoavelmente bem aos requisitos colocados pelo artigo XXIV do Gatt, se não em sua letra específica, pelo menos em intenção e espírito. Infelizmente, o mesmo não pode ser dito com respeito aos países latino-americanos, por razões tanto de ordem econômica como de natureza política, conforme já observado.

Uma importante evolução institucional foi registrada a partir de meados dos anos 1970 no sistema multilateral de comércio, sob a forma da chamada "cláusula de habilitação", decisão adotada ao final da rodada Tóquio do Gatt (1979) que passou a permitir, aos países em desenvolvimento (às partes contratantes menos desenvolvidas, na linguagem do Gatt), a adoção de acordos de liberalização comercial menos abrangentes do que as zonas de livre-comércio, sob a forma de preferências tarifárias, não recíprocas, intercambiadas de modo bem mais flexível do que o previsto no artigo XXIV do Acordo Geral. Por essa cláusula, não apenas o princípio da não reciprocidade adquire um sentido mais explícito, como não se menciona mais o critério de "essencialmente todo o comércio" para a cobertura dos novos acordos entre partes contratantes menos desenvolvidas, o que os torna bem mais flexíveis do que os requisitos fixados naquele artigo do Gatt. Segundo o parágrafo 5 da Cláusula de Habilitação,

> (...) os países desenvolvidos não esperam que os países em desenvolvimento aportem, no curso das negociações comerciais, contribuições incompatíveis com as necessidades de desenvolvimento, das finanças ou do comércio de cada um dos países. As partes contratantes desenvolvidas não procurarão alcançar, e as partes contratantes menos desenvolvidas não serão obrigadas a acordar, concessões incompatíveis com as necessidades de desenvolvimento, de finanças e de comércio destas últimas.

Trata-se de aplicação prática do princípio do tratamento especial e mais favorável para países em desenvolvimento, vigente em outras áreas do sistema da Organização das Nações Unidas (ONU), e que, no plano comercial e nesse caso dos acordos regionais, aplica-se exclusivamente a eles, pois os países desenvolvidos continuam sob a vigência do artigo XXIV.

6.3 Globalização com regionalização

Foi com o respaldo desse instrumento, mas também sob o impacto do não cumprimento dos objetivos da Associação Latino-Americana de Livre-comércio (Alalc), que os países latino-americanos negociaram, em 1980, um novo tratado de Montevidéu instituindo a Associação Latino-Americana de Integração (Aladi), mais ambiciosa em seu título, mas bem menos exigente na prática: na verdade, ela passou a ser composta por uma rede de acordos de alcance parcial, com concessões limitadas e setoriais entre os países (entre empresas multinacionais, mais exatamente), bilateralizando, de fato, o processo de integração. De resto, a maior parte dos acordos de "integração" na América Latina, e provavelmente em outras regiões também, sempre foi concebida e negociada como ferramenta de abertura alfandegária para empresas orientadas a mercados regionais ou globais, até de forma administrada, numa espécie de complemento governamental a estratégias de *market sharing*, isto é, iniciativas de coordenação de mercados preferenciais para uma mesma multinacional.

Enquanto isso, as Comunidades Europeias enfrentavam aquilo que ficou conhecido como "euroesclerose", um processo de paralisia na integração, em virtude das muitas barreiras que ainda persistiam entre os países-membros (então passando de 9 a 12). O revigoramento do processo foi obtido a partir da adoção do Ato Único que, em 1986, sob a presidência do francês Jacques Delors, listou os impedimentos ainda existentes à consecução de um mercado verdadeiramente unificado no território comum, fixando uma data (1992) para a sua eliminação. Ao término desse processo, a então CE continuou evoluindo no caminho de seu aprofundamento, estabelecendo, pelo Tratado de Maastricht (1991), o projeto de uma união econômica e monetária, sem que todos os membros, já a caminho dos 15, com a adesão, em 1995, da Áustria e de países nórdicos, tivessem de contrair o compromisso da moeda comum, aberto com a adoção do novo instrumento.

O euro, instituído formalmente em 1999 e posto em circulação em 2002, tornou-se o meio circulante comum a grande parte dos seus membros, o que reforçou a abertura de setores remanescentes (sobretudo em serviços), isto é, que permaneciam infensos, ainda, ao princípio do tratamento nacional. A nova realidade monetária europeia não se fez acompanhar, contudo, de uma verdadeira convergência das políticas setoriais nacionais, inclusive de uma importante política macroeconômica, a fiscal; isso explica alguns dos problemas que a zona do euro passou a enfrentar, quando países pouco preparados para cumprir plenamente os critérios de Maastricht (ver box) foram aceitos politicamente na união monetária, causando ameaças à estabilidade da zona a partir de desequilíbrios acumulados por alguns deles (excesso de déficits orçamentários e enormes dívidas públicas).

Os critérios de Maastricht

Trata-se de requerimentos de convergência macroeconômica estabelecidos sob a forma de um pacto de estabilidade e crescimento, que devem ser obedecidos pelos países candidatos à adesão à zona de moeda única da união econômica e monetária da União Europeia (UE), o euro. Esses critérios são baseados em indicadores econômicos monetários, financeiros e fiscais, e foram estabelecidos no tratado de Maastricht, assinado em fevereiro de 1992, pelos então 12 membros das Comunidades Europeias, já visando à sua conversão em uma união monetária dentro da UE.

A imposição desses critérios foi, e é, considerada necessária para a manutenção da estabilidade da zona do euro, ainda que os países possam superar um ou outro dos limites fixados temporariamente, em caso de uma conjuntura difícil. Eles se referem aos grandes problemas macroeconômicos de toda e qualquer administração: inflação, taxa de câmbio, juros de referência, déficit orçamentário e dívida pública. Os países candidatos a aceder ao euro, e os que tivessem adotado a moeda única deveriam observar:

1. estabilidade de preços: a taxa de inflação não deve ultrapassar 1,5% acima da média das três melhores economias nesse quesito;
2. câmbio: depois da introdução do euro como moeda contábil, obrigação de fixar sua taxa de câmbio ancorada ao padrão; depois o país perde o controle do câmbio;
3. juros: não devem exceder 2% da taxa dos três países apresentando os melhores resultados da zona; depois da adesão, o Banco Central Europeu (BCE) fixa os juros de referência;
4. finanças públicas: o déficit orçamentário não deve exceder 3% do PIB e a dívida pública não deve ultrapassar 60% do PIB do país.

Esses critérios nem sempre foram cumpridos pelos participantes da união econômica e monetária (UEM), e sequer foram requeridos de certos candidatos a aderir à moeda única: Itália e Bélgica, por exemplo, exibiam dívidas públicas de mais de 100% do PIB, ao passo que Grécia e Portugal entraram em crise, já dentro do euro, ao apresentarem déficits de mais de 10%.

Independentemente do maior ou menor sucesso integracionista do processo europeu (e o bloco continuou se expandindo para um número dificilmente administrável de membros, já com 27 países a partir de 2007, e vários outros candidatos batendo à porta, entre eles a Turquia), o fato é que esse período de reajuste e consolidação da integração europeia, grosso modo, do final dos anos 1980 à atualidade, coincidiu com uma das mais importantes mudanças estruturais ocorridas no regionalismo desde seu aparecimento na forma moderna que ele assumiu, sob a modalidade de zonas de livre-comércio ou de uniões aduaneiras. O fenômeno, obviamente, transcende o cenário estritamente europeu, uma vez que ele abarca as "mudanças tectônicas" provocadas pelo fim do socialismo enquanto modelo alternativo de organização social da produção (movimento iniciado com as reformas patrocinadas na China de Deng Xiao-Ping a partir de 1979 e impulsionado pela crise terminal do socialismo soviético, coroado com a própria implosão da União Soviética em 1991) e pela retomada da globalização capitalista, isto é, um processo comandado basicamente pelos mercados, mas com ativa participação dos Estados. Essa retomada da globalização passaria a conviver, doravante, com o fenômeno da regionalização.

A esse fenômeno já se convencionou chamar de "regionalismo aberto", para distingui-lo, talvez, do "velho regionalismo", que mobilizava um número limitado de países, abarcava uma parte pouco relevante do comércio internacional e interagia de modo limitado com o sistema de comércio multilateral. O novo regionalismo, ou o conglomerado de acordos regionais que se cria a partir daí, passa a compreender um número apreciável de países-membros, abrange porção significativa do comércio internacional e adquire um novo significado nos esquemas e processos de normatização (*rule-making*) do comércio mundial, tal como regidos, a partir de 1995, pela Organização Mundial do Comércio (OMC), que incorporou e administra o Gatt e diversos outros acordos comerciais multilaterais e plurilaterais.

A integração regional, antes concebida como um fenômeno de conformação de blocos geográficos mais ou menos homogêneos pela sua composição, congregando países culturalmente próximos, vinculados entre si por processos de abertura econômica recíproca e de liberalização comercial uniformemente administrada, vem progressivamente perdendo essas características essencialmente comerciais, para adquirir outras, que respondem mais a critérios de ordem política do que a preceitos de natureza econômica.

Até mesmo o adjetivo comumente usado no contexto, o de "regional", perde progressivamente sua acepção própria, uma vez que a integração está deixando de vincular países geograficamente contíguos, para se estender além fronteiras, muitas vezes mobilizando países situados em continentes distantes. O substantivo que passa a ser usado é o "regionalismo", cujo tratamento adquire um foro específico na nova organização do comércio multilateral, o comitê de acordos regionais, encarregado de registrar, examinar e discutir os vários aspectos desse elemento crucial das relações econômicas internacionais contemporâneas.

Com efeito, desde o despontar do fenômeno contemporâneo da integração regional de tipo comercial, o debate em torno dos processos de integração regional deixou o terreno estrito das regras e normas aplicáveis, e aplicadas, efetivamente, aos fluxos de comércio recíproco entre os países-membros desses blocos, e seus efeitos para outros integrantes do sistema multilateral de comércio, para adentrar o terreno mais complicado das opções de política comercial e, num sentido amplo, das estratégias de inserção na globalização.

Adquirindo uma nova concepção, esse debate está deixando de ser uma disputa em torno de "regimes" para incorporar uma dimensão política e estratégica que era anteriormente menos relevante. Talvez essa passagem, ou essa nova dimensão, represente, na prática, uma diminuição da importância relativa do Gatt e da OMC. Mas este é um efeito das novas realidades que se desenham desde a última década do século XX para projetar-se como uma das características do novo cenário do comércio internacional nas primeiras décadas do século XXI. Para acompanhar, e interpretar, as novas dimensões do fenômeno regional é preciso, primeiro, retraçar historicamente o processo de sua formação, para depois analisar o seu impacto na economia mundial contemporânea.

O "novo regionalismo" guarda, evidentemente, íntima relação com o "velho", na medida em que os instrumentos mobilizados (basicamente o artigo XXIV do Gatt-1947, reinterpretado como entendimento específico, resultante da Rodada Uruguai, e a "cláusula de habilitação" que emergiu da Rodada Tóquio, reservada aos países em desenvolvimento) são os mesmos. O que os distingue, provavelmente, é o novo uso que os principais protagonistas do sistema multilateral de comércio fazem de suas possibilidades: isso se resume a dizer que as políticas comerciais dos Estados passam a utilizar, de forma mais seletiva, instrumentos como o protecionismo e práticas discriminatórias como parte de uma estratégia mais ampla de política econômica externa. É a sua integração nas políticas econômicas ativas dos Estados que explicam a emergência desse "novo" regionalismo, cuja característica de "aberto" talvez seja mais um disfarce cômodo do que uma descrição adequada do seu modo de funcionamento.

A ampliação progressiva do número de membros da OMC, com o acesso crescente de muitos países em desenvolvimento ao Gatt, diversificou a agenda negociadora e tornou mais complexas as soluções de compromisso, reduzindo o espaço para os antigos "consensos oligárquicos", ou seja, obtidos a partir do entendimento de poucas partes contratantes, basicamente os Estados Unidos, a Europa e o Japão. É nesse contexto que os Estados Unidos começam a favorecer arranjos específicos de escopo limitado a serem alcançados entre um número restrito de participantes, essencialmente os chamados *like-minded countries*, ou seja, os parceiros da Organização para a Cooperação e Desenvolvimento Econômico (OCDE). Na inexistência de consenso nos foros multilaterais, os entendimentos são buscados nos planos bilateral ou plurilateral, inclusive como resposta às iniciativas europeias. O acordo de livre-comércio entre os Estados Unidos e Israel, em 1985, seguido, em 1988, de acordo similar com o Canadá, são o resultado desse novo ambiente minilateralista: ele sinaliza, de modo concreto, o abandono, pelos Estados Unidos, da tradicional postura multilateralista adotada dos anos 1940 aos 1980. Esta continuou a ser a tônica pelas décadas seguintes até a atualidade.

A nova geração de acordos regionais de liberalização comercial passou a envolver não apenas demandantes tradicionais, nomeadamente na Europa e na América Latina, já vinculados cultural ou historicamente, mas crescentemente países médios, de industrialização recente, negociando em cenários também pouco tradicionais, como podem ser os acordos transpacíficos do período recente (Coreia-Chile, Japão-México, China-Chile ou Japão-Chile, entre muitos outros). Os grandes atores, obviamente, continuam aprofundando e expandindo suas relações comerciais privilegiadas, selecionando parceiros e estabelecendo temas e condições, recorrendo, alternativamente, às vantagens do multilateralismo ou aos benefícios do bilateralismo cada vez que isso lhes convém em seus objetivos estratégicos e em suas prioridades de política comercial.

Essa abordagem seletiva, e basicamente oportunista, dos grandes atores estatais tende a minar a credibilidade da OMC como único foro legítimo de negociações comerciais, colocando em risco, inclusive, sua capacidade de dirimir conflitos que possam surgir em áreas centrais do sistema multilateral, como a discriminação no acesso a mercados (ou seja, a cláusula de nação mais favorecida). Na verdade, o que os novos acordos comerciais, que integram o que o economista Jagdish Bhagwati chamou de *spaghetti bowl* do comércio internacional, mais fazem é estabelecer patamares de acesso, ao regular a liberalização em função de regras de origem talhadas *ad hoc* e de condicionalidades que distorcem, de fato, o conceito de livre-comércio. Alguns dos acordos negociados pelos Estados Unidos em favor de países de menor desenvolvimento relativo estipulam, por exemplo, que a importação de confecções, roupas e vestuário, será livre de direitos desde que os componentes, fios e tecidos, sejam fornecidos pelos próprios Estados Unidos, numa demonstração cabal de hipocrisia comercial.

Mais importante do que os atores estatais, talvez, são as motivações e os objetivos dos novos acordos de liberalização comercial que, majoritariamente efetuados sob a forma de livre-comércio (mas com muitas exceções pontuais), tendem a refletir os novos padrões de comércio surgidos com a globalização em sua fase abrangente, isto é, incluindo crescentemente a Ásia-Pacífico como plataforma obrigatória dos grandes fluxos de comércio internacional: em lugar dos padrões tradicionais, que envolviam produtos acabados e sobretudo o intercâmbio entre manufaturas e *commodities*, de acordo com o direcionamento Norte-Sul desses fluxos, o que se tem a partir dos anos 1990, e com ainda maior intensidade a partir dos 2000, é o intercâmbio de partes e componentes envolvendo cadeias de produção e unidades industriais localizadas em pontos distantes do planeta. Em outros termos, os principais fluxos, atualmente, são constituídos pelo comércio intrassetorial e mesmo intrafirmas, segundo as novas regras de alocação ótima de recursos e de divisão de mercados que efetuam as grandes empresas industriais atores da globalização.

O comportamento da América Latina nesse processo foi desigual, como pode ser deduzido da atitude dos vários países da região em relação às novas características dos processos combinados de globalização e de regionalização. A despeito do notável impulso à assinatura de acordos bi ou plurilaterais de livre-comércio desde o final dos anos 1980, os resultados efetivos desse processo foram muito diferenciados segundo sua natureza e a intensidade da liberalização. Chile e México foram, provavelmente, os países que mais se beneficiaram com a nova onda. Contudo, essa onda não tem muito a ver, necessariamente, com as tendências regionalistas, muitas vezes saudada com entusiasmo na região, mas que corresponde, em grande medida, a posturas mais retóricas do que efetivas por parte de muitos países.

O fato é que tanto o Chile quanto o México adotaram postura condizente com a filosofia ricardiana da especialização segundo vantagens comparativas aparentes, efetuando um desarme tarifário essencialmente unilateral, para, a partir daí, negociar uma ampla rede de acordos com os mais diferentes parceiros que, na prática, reduziu ainda mais o nível de defesa efetiva contra importações. Esses acordos foram feitos, na maior parte dos casos, segundo regras próprias, contemplando, também, cláusulas e dispositivos *ad hoc* especialmente adaptados aos requerimentos dos setores produtivos nacionais. Em contrapartida, a quase totalidade dos demais países latino-americanos negociou acordos limitados, segundo o modelo aladiano conhecido, com preferências setoriais e muitas exceções à liberalização, ademais de regras de origem específicas e prazos delongados de implementação. O efeito criador de comércio de muitos desses acordos pode ser considerado bastante modesto.

No caso do Mercosul, as promessas e negociações foram muitas, mas a realização efetiva de novos fluxos de comércio a partir de acordos assinados também deixaram a desejar. Em 1996, Chile e Bolívia se associaram à área de livre-comércio do Mercosul, segundo modalidades diferenciadas. Nos anos seguintes, tentou-se, inúmeras vezes, avançar num acordo birregional de livre-comércio entre o Mercosul e a Comunidade Andina de Nações (CAN), mas as dificuldades eram tantas que um acordo abrangente foi sempre sendo postergado, em 2000 e em 2002 notadamente. Finalmente, em 2003, o Peru torna-se membro associado, segundo cláusulas que tardariam longo tempo para serem efetivadas e, no ano seguinte, os demais países da CAN assinaram um conjunto de acordos de alcance parcial com os quatro membros do Mercosul, prevendo condições de acesso diferenciadas e exceções também bilaterais. Segundo opiniões de empresários interessados no comércio regional, o potencial criador de novos fluxos de intercâmbio também aparece como relativamente modesto, havendo ainda um desequilíbrio nas concessões, com o Brasil aparecendo como o ofertante mais generoso, em face de contrapartidas bastante limitadas dos parceiros.

Esse processo "regional" se desenvolveu ao mesmo tempo que as negociações da Área de Livre-comércio das Américas (Alca) se defrontavam com dificuldades essencialmente políticas, derivadas da pouca disposição dos grandes parceiros (Estados Unidos e Brasil, essencialmente) em abrir efetivamente setores protegidos de suas economias, o que levou à paralisia do processo negociador logo depois da conferência ministerial de Miami (novembro de 2004). Depois de algumas tentativas de desbloqueio, por meio de consultas bilaterais entre os dois países, copresidentes, no que seria a última fase do itinerário negociador (aberto em 1995, mas efetivo a partir de 1999) a Alca foi de fato "congelada" na reunião de cúpula de Mar del Plata, em novembro de 2005, principalmente em função dos esforços concertados de Brasil, Argentina e Venezuela. Essa "paralisia política" não impediu alguns países-membros da CAN de negociarem acordos bilaterais de livre-comércio com os Estados Unidos, concluídos com o Peru e a Colômbia, interrompido com o Equador, em função da mudança de orientação política com a chegada do presidente Rafael Correa, e de buscarem ativamente sua aprovação pelo Congresso norte-americano.

O novo "regionalismo" sul-americano, que a diplomacia brasileira tanto se esforçou por incentivar, notadamente pelo estabelecimento da Comunidade Sul-Americana de Nações, em dezembro de 2004, oportunamente substituída pela **União de Nações Sul-Americanas** (Unasul), derivou para uma clara fragmentação, em virtude de iniciativas dispersas desde meados da década. A Venezuela, acusando o que seria a "traição" à CAN por parte dos países signatários de acordos de livre-comércio com os Estados Unidos, denunciou sua participação nesse bloco e anunciou sua intenção de aderir plenamente ao Mercosul, projeto formalizado politicamente em meados de 2006 e concluído atabalhoadamente em 2012 (mas objeto de dúvidas legais, em virtude de não ter sido ratificado pelo Paraguai, "suspenso" na ocasião). O presidente do país, Hugo Chávez, decidiu, por outro lado, impulsionar um projeto alternativo de integração, a Aliança Bolivariana das Américas (Alba), conjuntamente com Bolívia, Cuba e Equador, menos orientada pelas forças de mercado, que ele explicitamente rejeita, em nome de um mal definido "socialismo do século XXI", do que dominada pela vontade política dos líderes e pelo comércio administrado e controlado por estatais desses países. Persistia, em todo caso, uma grande indefinição quanto ao cumprimento dos requisitos próprios ao Mercosul por parte da Venezuela, bem como quanto à compatibilidade entre as obrigações em face desse bloco e dos compromissos já concertados no âmbito da Alba.

Com a crise e a paralisação das negociações comerciais multilaterais da Rodada Doha, praticamente todos os parceiros importantes trataram de encontrar "*second-best solutions*", sob a forma, no caso dos países avançados, de acordos bilaterais garantindo acesso a mercados e alguns aditivos "sistêmicos", como podem ser as regras para investimentos e a proteção à propriedade intelectual. Modalidades menos "ofensivas" de liberalização comercial encontravam-se em curso em quase toda a região da Ásia-Pacífico, envolvendo membros da Associação de Nações do Sudeste Asiático (Asean) e da Cooperação Econômica da Ásia Pacífico (Apec), todas elas com um enorme potencial de intensificação do comércio interindustrial, mas sobretudo intraindustrial e intrafirmas em todo esse espaço dinâmico da globalização contemporânea. Países da costa do Pacífico da América Latina, como México, Colômbia, Peru e Chile, iniciaram sua preparação para se associarem a essa vasta rede de integração produtiva, enquanto outros, como Argentina e Brasil, operavam um retrocesso em direção a antigos comportamentos protecionistas, em total contradição com os progressos liberalizadores observados a partir dos anos 1980.

Do lado da União Europeia (UE), mesmo ocupada em digerir os 12 novos membros que ingressaram entre 2004 e 2007 (Estônia, Letônia, Lituânia, Polônia, Eslováquia, República Tcheca, Hungria, Eslovênia, Malta e Chipre, e, em 2007, Bulgária e Romênia), ela confirmou sua intenção de lançar-se à negociação de novos acordos comerciais, notadamente com a Coreia, que concluiu um acordo de livre-comércio com os Estados Unidos em 2007, e outros países da Ásia-Pacífico. O Brasil, assumindo a liderança do Mercosul nesse aspecto, também manifestou a intenção de acelerar negociações comerciais com novos parceiros, em adição aos que já tinham concluído acordos comerciais de liberalização com o bloco: Índia, União Aduaneira da África Meridional, Emirados Árabes Unidos, Marrocos, Israel e vários outros. Não se conhecem estudos independentes sobre o impacto comercial efetivo desses acordos para a expansão do intercâmbio dos países do Mercosul, mas eles são certamente reduzidos em escopo e em volume adicional de comércio.

O regionalismo comercial, em vista desse quadro extremamente disperso de iniciativas e de arranjos quase informais, aparece, portanto, como uma categoria extremamente vaga, menos um *prêt-à-porter*, segundo os requisitos do artigo XXIV do Gatt, do que uma espécie de *menu à la carte*, que os países implementam de maneira difusa, como se todos tivessem direito às regras mais flexíveis da "cláusula de habilitação" da Rodada Tóquio (1979). Os próprios países mais avançados, supostamente os guardiões da pureza das "tábuas da lei", isto é, da adequação das políticas e práticas comerciais das partes contratantes ao estabelecido naquele artigo do Gatt e no "entendimento" sobre a "interpretação" do Artigo XXIV, emanado da Rodada Uruguai, não parecem estar muito comprometidos com o respeito estrito dessas obrigações, numa derrogação de fato ao espírito e à letra da cláusula de nação mais favorecida.

É a partir dessas constatações que se pode tentar elaborar reflexões sobre o futuro do regionalismo comercial.

Questões para discussão

1. Compare o Artigo XXIV do Gatt com a cláusula de Habilitação (emanada da rodada Tóquio de negociações comerciais multilaterais) e diga em que, e como, esses dois dispositivos se distinguem e que efeitos diversos eles teriam sobre os países em desenvolvimento e seus esquemas de integração.
2. Como evoluíram os processos de integração historicamente mais conhecidos e que características se poderiam apontar em cada um dos exemplos mais representativos?
3. Quais os mecanismos pelos quais devem se guiar os países que tencionam concluir acordos de integração e que requerimentos devem eles observar para concluir seu "rito de passagem" no sistema multilateral de comércio?
4. Como se relacionam, se compatibilizam, ou se opõem, as cláusulas de nação mais favorecida, de tratamento nacional ou de reciprocidade existentes nos acordos multilaterais de comércio?
5. Em que sentido os acordos regionais de comércio derrogam algumas dessas cláusulas e como isso ocorre?

Para saber mais

ALMEIDA, Paulo Roberto de. *Formação da Diplomacia Econômica no Brasil*: as relações econômicas no Império. 2. ed. São Paulo-Brasília: Senac-Funag, 2005.

________. Mercosul: uma avaliação retrospectiva e uma visão prospectiva. In: BARBOSA, Rubens A. (org.). *Mercosul revisitado*. São Paulo: Fundação Memorial da América Latina, 2007. p. 57-75.

________. Acordos minilaterais de integração e de liberalização do comércio: uma ameaça potencial ao sistema multilateral de comércio. In: GUERRA, Sidney (org.). *Globalização*: desafios e implicações para o direito internacional contemporâneo. Ijuí: Unijuí, 2006. p. 187-203.

LANDES, David. *A riqueza e a pobreza das nações*: por que algumas são tão ricas e outras tão pobres. Rio de Janeiro: Campus, 1998.

OLIVEIRA, Ivan Tiago Machado. *O regionalismo no século XXI*: comércio, regulação e política. Rio de Janeiro: Ipea, Textos para Discussão 1709-2012. Disponível em: <http://www.ipea.gov.br/sites/000/2/publicacoes/tds/TD_1709.pdf>. Acesso em: 28 nov. 2012.

CAPÍTULO 7

O FUTURO DO REGIONALISMO COMERCIAL: MAIS DO MESMO?

Nenhum componente estrutural da dinâmica econômica contemporânea, *a fortiori* no campo da globalização capitalista ou dos processos de integração regional, é dotado de características unívocas ou possuidor de fronteiras definidas e de perfis nítidos. Esses dois processos, que integram estrutural e institucionalmente a economia mundial da atualidade, não possuem, justamente, características fixas ou perfis rígidos. Antes de responderem a projetos políticos muito bem estruturados, eles são o resultado de respostas práticas que governantes e decisores políticos das economias nacionais vão construindo, por vezes de maneira improvisada, a partir dos desafios colocados pelos jogos sempre incertos dos agentes primários, no caso e principalmente, as grandes empresas transnacionais, que são as que determinam, em grande medida, a marcha desses dois fenômenos, e que, por sua vez, são concorrentes ou coincidentes, segundo os casos dos países envolvidos.

Um pouco como na *boutade* marxista do *Manifesto Comunista*, segundo a qual "tudo o que é sólido se desmancha no ar", pode-se dizer que a realidade do sistema multilateral de comércio de nossa época não se conforma a nenhum padrão conhecido e reconhecido como institucionalizado pelos especialistas desse campo. Pode-se, inclusive, dizer que o fenômeno da regionalização é bem mais institucionalizado que o da globalização, sempre anárquica, uma vez que enquadrada por algumas regras do sistema multilateral de comércio [artigo XXIV do Acordo Geral de Tarifas Aduaneiras e Comércio (Gatt), cláusula de habilitação)] e dispondo, portanto, de certo monitoramento por parte dos integrantes do sistema, pelo menos em princípio, ou maior, em todo caso, que os investimentos das empresas e decisões dos agentes privados, não necessariamente controláveis pelos governos. Ainda assim, a regionalização pode assumir facetas diversas e nem sempre se conformar aos padrões aparentemente rígidos daqueles dois instrumentos, podendo, ao contrário, combinar elementos diversos dos "tipos ideais" existentes, constituindo, assim, não apenas um prato de espaguete mas pratos temperados com "molhos" diversificados.

Em outros termos, a realidade do comércio mundial, em especial no que se refere ao regionalismo, continuará ostentando uma espécie de retrato em tons de sépia, ou, então, uma figura que não se distingue pelo seu colorido particular, tendendo mais para um cinzento indefinido do que para o preto ou o branco. O fato é que, quase sete décadas depois de sua criação, no arranjo provisório do Gatt, e quase duas décadas depois de sua institucionalização, sob a égide da Organização Mundial do Comércio (OMC), o sistema multilateral de comércio atravessa uma crise que pode ser apropriadamente caracterizada como institucional: os países-membros já não mais se conformam às normas por eles mesmos criadas.

Tal característica é evidente justamente no campo que é objeto do presente livro: o desenvolvimento exacerbado do regionalismo, com todas as deformações que esse rompimento "legal" da cláusula de nação mais favorecida trouxe de um ponto de vista da estrita racionalidade econômica, isto é, a alocação de fatores de produção segundo um "ótimo paretiano" que o constante desvio de fluxos de comércio e de investimentos se encarrega de desmantelar. Como discutido exaustivamente ao longo do livro, o regionalismo apresenta tanto aspectos positivos, ao impulsionar esforços precoces de liberalização que depois poderão ser incorporados no esquema mais vasto do regime multilateral, quanto negativos, ao legitimar e até reforçar a discriminação contra terceiros. Essas duas tendências têm sido objeto de discussões teóricas, entre economistas do comércio internacional, bem como são objeto de dúvidas da parte de não especialistas, geralmente decisores políticos e responsáveis governamentais.

7.1 Diferentes visões do livre-comércio

A compreensão do que seja um processo de integração, sob a forma de acordos de livre-comércio, os mais comuns, ou de outros tipos, varia muito de perspectiva, segundo se faça, de um lado, uma análise acadêmica dos resultados da abertura econômica e da liberalização dos mercados ou se parta, de outro lado, de evidências mais empíricas resultantes de um processo negociador concreto. Na primeira visão, geralmente de cunho teórico-econômico, a liberalização comercial, quaisquer que tenham sido sua amplitude e distribuição entre os parceiros, é vista como positiva, pois conduz a uma alocação ótima de recursos e uma utilização mais eficiente da dotação em fatores.

Na segunda perspectiva, pode-se dizer que não existe, para a maior parte dos negociadores, a figura utópica do "livre-comércio", um conceito que para decisores políticos seria puramente imaginário, e que só se materializa nos escritos dos teóricos acadêmicos, mas que na verdade aparece como pouco dotado de embasamento prático. Para estes últimos, trata-se de lograr a melhor situação possível de reciprocidade no processo de abertura comercial, administrando áreas de liberalização progressiva em função das vantagens percebidas ou aparentes. Mas, mesmo nesse caso, o caminho da liberalização parcial sempre apresenta vantagens que economistas de diversas tendências podem considerar como positivas, independentemente dos dilemas teórico-práticos enfrentados por uma e outra categoria de observadores ou de decisores de processos de integração.

Do ponto de vista estrito da otimização das oportunidades econômicas, toda e qualquer experiência de integração, ainda que na forma simplificada da eliminação de poucas barreiras aduaneiras sob um regime de preferências tarifárias, é desejável, relativamente a uma situação de plena autonomia ou autossuficiência econômica, pois corresponde a uma etapa inicial de liberalização de mercados e de inserção nos circuitos da interdependência mundial, mesmo num âmbito geográfico mais restrito. As vantagens se tornam presumivelmente mais amplas, quando se adota o esquema do livre-comércio, provavelmente o de maior amplitude de liberalização com um mínimo de obrigações institucionais e de compromissos externos, uma vez que cada parceiro no esquema preserva plena liberdade para continuar ampliando o leque de acordos desse tipo, sem necessariamente limitar sua soberania comercial de modo definitivo.

Os economistas, procedendo a uma simulação teórica de caráter extremo, recomendariam, na verdade, uma liberalização unilateral *erga omnes*, isto é, conduzindo à plena integração com o mundo, permitindo, nesse caso, o livre fluxo de fatores e uma alocação ótima das dotações econômicas. Em outros termos, todos e cada um dos países, assim como todos os participantes do comércio mundial, independentemente da existência, ou não, de um sistema multilateral, do tipo Gatt-OMC, estariam em melhor situação de "bem-estar" se cada um deles decidisse, de livre-arbítrio, instituir o livre-comércio unilateral, irrestrito e incondicional.

Esse tipo de exercício ricardiano ideal não foi, contudo, tentado por nenhum país economicamente avançado da era moderna, tendo apenas se manifestado de maneira mais ou menos abrangente sob o capitalismo de vanguarda da Inglaterra vitoriana (e durou pouco mais de meio século, apenas). Desde então, as experiências de liberalização foram conduzidas sob forma condicional e restrita, tendo alcançado maior desenvolvimento na Europa Ocidental, nos diversos esquemas ali conhecidos desde o final dos anos 1940: na União Aduaneira entre Bélgica, Países Baixos e Luxemburgo (Benelux), na Comunidade Europeia do Carvão e do Aço (Ceca), na Comunidade Europeia (CE), na Associação Europeia de Livre-comércio (Efta), e finalmente na União Europeia (UE). Existem, é claro, algumas experiências mais ousadas de liberalização unilateral, e elas correspondem a centros comerciais consolidados, a Holanda da "era de ouro", por exemplo, ou cidades-estados como Hong Kong ou Dubai, na atualidade, que são centros comerciais funcionando quase como "portos livres", ou como *free-shops*. Todos esses exemplos têm confirmado empiricamente os pressupostos teóricos traçados pelos economistas sobre os benefícios da liberalização ampliada.

Mesmo com a comprovação empírica de que o livre-comércio produz uma melhor situação de bem-estar do que todas as outras alternativas, por que as economias nacionais, ou seja, os dirigentes políticos responsáveis pelos governos dessas sociedades, não se encaminham naturalmente para uma liberalização ampliada do comércio? As respostas são múltiplas e variadas, das dificuldades inevitáveis advindas de qualquer situação de concorrência aberta (perda localizada ou parcial de empregos, fechamento de empresas, necessidade de reconversões setoriais ou geográficas, enfim, ajustes que são sempre dolorosos e que obrigam a uma vigorosa reação adaptativa) à perda de apoios eleitorais, quando não à alternância no poder e ao "desemprego" político-eleitoral.

7.2 As alternativas parciais de liberalização

Como o mundo está longe, muito longe de ser unificado no plano das regras que devem presidir às atividades das empresas e aos intercâmbios globais, e como a construção de normas compulsórias para todos os parceiros e a definição das regras do jogo é sempre um exercício extremamente difícil num mundo de soberanias absolutas, que é o mundo vestfaliano no qual ainda vivemos, não se pode esperar que a situação de mais bem-estar (mas apenas no médio e longo prazo, e no contexto de ganhos apenas incrementais, não imediatos) convença todos esses parceiros a implementar os processos de liberalização parcial, a integração regional, ou multilateral, ou seja, no âmbito do Gatt-OMC, que se traduziriam no *first best* dos economistas. Os governantes recorrem então ao *second* ou *third best*, que são os processos parciais, fragmentários, de liberalização econômica, quando não à paralisia temporária das negociações difíceis.

Esse aspecto tem sido evidenciado pela longa agonia da rodada Doha de negociações comerciais multilaterais, iniciadas em 2001 e que deveriam, hipoteticamente, ser concluídas em 2005, mas vêm se arrastando desde então numa lenta sucessão de desencontros e discordâncias, agravada pela crise financeira internacional deslanchada em 2008 e continuada desde então sob outras facetas econômicas, entre elas o excesso de endividamento governamental. Nessas circunstâncias, os governos, ainda que não recorrendo aos piores exemplos das reações protecionistas conhecidos em ocasiões anteriores (como na crise de 1929 e na depressão dos anos 1930, quando os países praticaram deliberadamente guerra comercial, manipulações cambiais e controles de capitais), adotam, ainda assim, formas disfarçadas de protecionismo e de nacionalismo econômico. Esses fatores levaram à mais relevante crise do sistema multilateral de comércio desde os choques do petróleo dos anos 1970 e as reações de enclausuramento então observadas; talvez a introversão não seja tão patente nesse momento, inclusive porque o mundo é bem mais interdependente, mas os instintos defensivos permanecem ativados, sobretudo na esfera política de todos os países.

Um outro possível motivo de crise no sistema multilateral de comércio é a tendência dos atores mais importantes, a começar pelos Estados Unidos, de não cumprirem as determinações do mecanismo de solução de controvérsias, recusando-se a implementar suas recomendações mesmo quando elas manifestamente são o resultado de decisões incontroversas. O Brasil, particularmente, tem sido frustrado em suas expectativas quanto às disputas comerciais em que se envolve, mais especialmente naquelas em que toma a iniciativa de ser demandante, já que prevalece a sensação de que pode "ganhar, mas não levar". Este é um aspecto, porém, que passa ao largo das preocupações deste texto, focado diretamente na evolução passada e nos possíveis desenvolvimentos do regionalismo comercial. Aqui, os problemas principais passam pela discriminação implícita a todo e qualquer mecanismo de liberalização comercial restrita, embutido nos acordos comerciais de constituição de blocos regionais.

Talvez o "pecado original" se situe na decisão adotada em 1947, no sentido de permitir a exceção à primeira cláusula do sistema, de nação mais favorecida, contemplada no artigo XXIV, para as zonas de livre-comércio e as uniões aduaneiras, abrindo, assim, um precedente que seria aprofundado na "cláusula de habilitação" e disseminado de maneira incontrolável a partir da grande "explosão" de acordos minilateralistas no contexto da globalização pós-socialista. Tratou-se, obviamente, do simples reconhecimento de uma realidade existente à época, qual seja, a de que esses esquemas preexistiam à redação do Gatt, nomeadamente no esquema do Benelux. Mas não apenas este, uma vez que a realidade do comércio preferencial antecede em séculos a própria redação do acordo geral, que substituiu por um único instrumento a multiplicidade de acordos bilaterais de "comércio e navegação" que continham, quase todos, a cláusula de nação mais favorecida com extensão e cobertura variadas.

De fato, o sistema remonta ao "exclusivo colonial", que restringia o comércio exterior das colônias unicamente às potências metropolitanas ou parceiros devidamente autorizados. Em sua feição contemporânea, ele assumiu a forma das *imperial preferences*, sistematizadas pela Commonwealth britânica na conferência de Ottawa, em 1932, e que reservava obviamente ao Reino Unido as vantagens comerciais derivadas do mais extenso império já conhecido na história da humanidade. Duramente atacadas pelos Estados Unidos, no processo de negociação da nova ordem econômica internacional que emergiu em plena Segunda Guerra Mundial, essas preferências discriminatórias foram de certo modo integradas ao sistema multilateral ao se permitir essa exceção "controlada" aos princípios básicos do Gatt.

7.3 Os infratores do sistema

É certamente um paradoxo, e provavelmente uma ironia da história, que o país que mais lutou por uma ordem econômica multilateral, os Estados Unidos, esteja, hoje, na origem dos mais sérios ataques a essa ordem e forneça o combustível para, senão a derrocada, pelo menos a perda de credibilidade do sistema. Com efeito, os Estados Unidos detêm, hoje, o registro do maior número de infrações às regras multilaterais de comércio derivadas de decisões do órgão de solução de controvérsias não cumpridas em sua integralidade, algumas sequer parcialmente, bem como ostentam, atualmente, uma estratégia de política comercial deliberadamente orientada para a conclusão do maior número possível de acordos comerciais bilaterais.

O outro grande infrator do sistema, a UE, pelo menos não exibe a hipocrisia de defender o multilateralismo, como o fazem os Estados Unidos, que nesse ponto, ao menos, não podem ser acusados de falta de transparência quanto aos seus objetivos de política econômica externa. Trata-se, de certo modo, de uma consequência inevitável das condições que presidiram à aceitação, pelo Congresso norte-americano, da nova arquitetura institucional do comércio internacional, organizada em torno da OMC, e de seu sistema de solução de controvérsias: na ocasião, o debate parlamentar revelou a disposição de muitos dos membros daquela casa de fazerem os Estados Unidos se retirar da organização se ela jamais viesse a condenar a política comercial do país em casos concretos, "violando", assim, a "soberania" do Congresso no desenho e condução dessa política comercial.

Na verdade, a derrogação original da cláusula de nação mais favorecida, para favorecer os esquemas regionais, segue o compasso de outras exceções criadas, então e depois, para acomodar os interesses dos países-membros, em primeiro lugar os mais poderosos. Exceções existem por razões de "ordem pública", de saúde humana e de segurança nacional e até para abrigar situações existentes, as chamadas *grand-father clauses*, que, claramente, violam os princípios básicos, mas que são toleradas por mútua conveniência dos atores mais relevantes. Outras exceções são ativamente buscadas, sob alegações de direitos humanos, de preocupações trabalhistas ou, ainda, de proteção ao meio ambiente, as quais constituem, no mais das vezes, tentativas disfarçadas de obstar importações ou para extração de "renda extra", sob coberta de normas técnicas e regulamentos de segurança.

7.4 O protecionismo, fator prejudicial à saúde do sistema

O protecionismo assume, atualmente, diversas modalidades, entre elas a que procura distinguir (o que a teoria econômica jamais o fez e que a história econômica registra como eminentemente positivo, no passado) entre a mobilidade relativa de diferentes fatores de produção, ou seja, a liberdade da circulação de capitais e a de movimentação de pessoas. Fluxos migratórios foram claramente benéficos, na fase de consolidação do capitalismo, para o aumento da riqueza, para a disseminação de técnicas e insumos já dominados, para a geração de novas oportunidades de trabalho e para a inovação tecnológica. A movimentação de pessoas deveria estar hoje associada à liberalização do comércio de serviços, mas obviamente não é o que ocorre.

Da mesma forma, a proteção extensiva que se concede, atualmente, à propriedade intelectual, no regime do Acordo sobre Aspectos dos Direitos de Propriedade Intelectual Relacionados ao Comércio (TRIPs-OMC), pode atuar em detrimento de pressões competitivas, que adviriam, naturalmente, de um sistema mais aberto à disseminação do conhecimento embutido na riqueza proprietária, segundo regras de licenciamento facilitado, ainda que em bases comerciais. Muitos analistas não deixam de observar que os monopólios legais, concedidos sob cobertura de propriedade intelectual, podem reduzir o ritmo de incremento dos ganhos de produtividade, que poderiam ser maiores sob um regime menos exclusivo, e excludente, que o atual.

Mesmo computando todos esses fatores prejudiciais à boa saúde do sistema multilateral de comércio, o regionalismo exacerbado constitui, hoje, provavelmente, com o protecionismo agrícola e o subvencionismo inaceitável na mesma área, um dos elementos mais perniciosos para o funcionamento de uma ordem econômica multilateral, aberta e inclusiva. Ele está, talvez, na raiz das dificuldades para se concluir uma rodada de negociações verdadeiramente universal, na medida em que estimula os países, grandes e pequenos, a buscarem *second-best solutions*, em lugar de se esforçar por encontrar um terreno de consenso em torno de regras universalmente aplicáveis. Ele diminui o ritmo da integração econômica mundial, ao favorecer, por motivos essencialmente políticos, processos regionais de "miniglobalização", em lugar de um grande e único processo de globalização. Mesmo que alguns analistas não atribuam grande importância ao movimento regionalista, argumentando, por exemplo, que seu impacto nos fluxos de comércio e de investimentos é menor do que normalmente se acredita, parece claro que o crescimento do regionalismo se faz em detrimento não só da boa teoria econômica, mas, sobretudo, de novas oportunidades para sustentar a expansão econômica mundial, em bases uniformes e partilhadas, segundo velhos princípios de economia ricardiana.

7.5 Os pontos positivos das tendências atuais

Não obstante, nem tudo pode ser apresentado em cores negras numa análise ponderada das tendências regionalistas atualmente existentes no sistema multilateral de comércio. Existem alguns pontos positivos nesse processo, ainda que não necessariamente teóricos, mas em grande medida práticos, como agora se verá. O regionalismo cumpre funções que poderiam ser descritas como "pioneiras", que dificilmente seriam cobertas adequadamente pelo regime multilateral.

A primeira delas, talvez, é a inovação institucional. Segundo uma velha "teoria" que pode remontar ao tempo dos "paquidermes", quanto maior um corpo, ou organismo, mais dificuldade ele terá para se adaptar a mudanças rápidas no meio ambiente ou se aclimatar a mudanças bruscas na conjuntura: de fato, grandes construções humanas, envolvendo grande número de participantes e de membros "não convidados", os chamados *free-riders*, possuem grandes dificuldades em operar mudanças no seu modo de funcionamento e nas suas regras de conduta. Sendo a economia uma realidade especialmente dinâmica, parece claro que a flexibilidade na escolha e no manejo de instrumentos de adaptação a novas condições ambientais e a fatores circunstanciais adversos é uma qualidade especialmente valorizada em tempos de rápidas mudanças e constante introdução de novos padrões produtivos. Desse ponto de vista, a "nova" OMC, com mais de 155 membros no início da presente década, tornou-se talvez tão pouco administrável quanto certos "paquidermes" onusianos, alguns notoriamente conhecidos pela ineficiência operacional e extensa burocracia.

Os benefícios desse *"small is beautiful"* ocorrem tanto no interior dos blocos como no âmbito da entidade multilateral, no caso a OMC, já que a discussão se fará, presumivelmente, com menor dispersão. O regionalismo pode, nessa perspectiva, contribuir para a redução do "número" de negociadores, à condição que o bloco constitua, de verdade, uma união aduaneira (como a UE ou o Mercosul), e não uma simples zona de livre-comércio, como o Acordo de Livre-comércio da América do Norte (Nafta) e bilaterais. Ou seja, tanto pelo menor número de participantes, como pela suposta flexibilidade negociadora, os blocos podem contribuir para fazer avançar o processo negociador (mas esta é uma hipótese, não uma certeza).

Uma possível segunda vantagem é que, garantida certa uniformidade de posições internas, os blocos podem, teoricamente, pelo menos, avançar de maneira mais rápida em determinados dossiês, que não têm tanto a ver com o acesso ao mercado (tarifas e barreiras alfandegárias) e sim com normas e outros requerimentos sistêmicos. Em outros termos, o avanço conceitual e prático já alcançado em torno de temas de mais difícil elaboração substantiva, por meio de um trabalho de "processamento prévio" conduzido no interior de cada bloco, pode facilitar, numa segunda etapa, seu tratamento no plano multilateral, que recebe uma agenda, digamos assim, "digerida" pelos embates já ocorridos na etapa "minilateralista".

Em qualquer hipótese, esse trabalho é, em grande medida, "empurrado" previamente pelas grandes multinacionais, que constituem o próprio núcleo do processo de globalização, ou recebe impulso de entidades não governamentais, ambos grupos suscetíveis de fazer passar seus interesses e propostas mais facilmente em escala nacional, ou no seio de blocos mais restritos, do que diretamente na esfera multilateral. Se a agenda está mudando de barreiras comerciais para regras sistêmicas, esta pode ser uma vantagem apreciável.

Outra eventual virtude dos blocos sobre o "mundo plano" é que, sendo este mundo, de fato, extremamente heterogêneo, com enormes assimetrias que não podem, simplesmente, ser corrigidas por acordos de comércio, ao menos, não no curto prazo, a liberalização mais restrita que se faz no interior dos blocos pode caminhar mais rapidamente, sem causar, talvez, grandes custos de transição, do que se fosse o caso numa derrubada geral de muralhas comerciais sem as salvaguardas temporárias que podem ser negociadas mais facilmente em escala restrita. Torna-se mais fácil, aos mais "ricos", ou seja, os exportadores de capitais, pagar compensações que são negociadas diretamente caso a caso, do que criar grandes programas de reconversão econômica a serem oferecidos aos "perdedores" (temporários) em bases universais.

A Europa criou fundos de "solidariedade" que têm precisamente esse objetivo (nos quais há pagadores e recebedores líquidos), administrados "visualmente" por ambos, assim como o Mercosul criou um fundo corretor de assimetrias que busca as mesmas finalidades. Essa modalidade de intervenção no comportamento "natural" dos mercados possui, contudo, escassa relevância para o sistema de comércio multilateral, uma vez que não há, na agenda negociadora, uma discussão em torno de "fundos multilaterais" de correção de assimetrias, muito embora os países em desenvolvimento estejam sempre aventando algum *revival* do Plano Marshall. O que existe, nesse particular, é o famoso "tratamento especial e diferenciado" em favor desses países, que normalmente se traduz por prazos mais delongados, obrigações menos abrangentes e maior leniência com os pecados "veniais" que eles possam cometer em matéria de políticas setoriais ativas e de discriminação.

Pode-se, por fim, mencionar outra vantagem dos blocos comerciais para os países de menor desenvolvimento relativo, ainda que, também nesse particular, o sistema multilateral de comércio está menos em causa do que circunstâncias puramente econômicas. Ele tem a ver com o pressuposto da convergência, ou equalização dos custos de produção, tendência de longuíssimo prazo, mas que, no curto e médio prazos, se traduz pela mobilidade de fatores de produção entre economias muito diferenciadas.

Se é verdade que esses fatores "fluem" mais facilmente da economia de maiores custos para as de menores custos, na perspectiva da escassez relativa, que é clássica em economia, então os países em desenvolvimento encontram mais vantagens em se integrar a uma economia rica, do que constituir blocos com outros países em desenvolvimento. De fato, tanto os Estados Unidos, com destaque para a América Latina, como a UE, orientada para o Leste Europeu e o Mediterrâneo, têm confirmado empiricamente esse pressuposto da teoria econômica, aliás, com a demanda ativa dos primeiros interessados, que são os vizinhos mais pobres dessas duas grandes economias. Se há algum sentido na expressão, e no projeto de uma, "nova geografia comercial mundial", ela deveria correr antes no sentido Sul-Norte do que em qualquer outra direção.

A justificativa mais corrente para a constituição de blocos comerciais entre os próprios países em desenvolvimento tem sido a da "união de forças" para negociar com as economias mais poderosas em melhores condições de barganha do que isoladamente. Isso até pode fazer algum sentido num cenário em que os movimentos dos principais parceiros são sempre determinados politicamente, ou seja, num contexto de continuado dirigismo econômico e de fluxos de comércio administrado, com políticas setoriais também influenciadas por algum tipo de planejamento estatal. Pode até ser, inclusive, que mais e mais países em desenvolvimento se engajem nesse tipo de "aventura", provavelmente tendo como impulso apenas a vontade de "não ficar de fora" de algum esquema preferencial na sua própria região, já que essa é a tendência do momento, numa espécie de equivalente comercial do *herd behavior* (comportamento de manada) dos mercados financeiros.

O que se tem assistido, nas últimas décadas, contudo, é a preeminência crescente das forças de mercado, com fluxos de bens, serviços, capitais e tecnologia orientados primariamente pelos interesses das empresas, não pelas prioridades dos governos. Goste-se ou não desse mundo, o fato é que os intercâmbios mais intensos e os efeitos transformadores mais dinâmicos da nova economia globalizada têm-se dado justamente na dimensão Norte-Sul (e vice-versa), não exatamente no sentido Sul-Sul (ainda que isso ocorra, crescentemente, em várias regiões, mas os processos continuam a ser dominados pelas empresas, não pelos governos).

Quanto ao argumento de que o novo regionalismo é essencialmente "aberto", trata-se de um eufemismo que pode não querer dizer rigorosamente nada, uma vez que os diferentes arranjos comerciais que vêm sendo negociados ao redor do mundo, pelos mais diversos parceiros, não apresentam nenhuma racionalidade *ex-ante*, apenas traduzem o interesse dos governos em obter ganhos imediatos, num sentido mercantilista, para os seus respectivos países. Não há nenhum "nobre ideal" por trás do velho ou do novo regionalismo, apenas soluções de conveniência. O nobre ideal de um sistema multilateral de comércio verdadeiramente livre e aberto continua a ser exibido pelos economistas mais sensatos e pelos estadistas mais lúcidos. Pena que esse tipo de "mercadoria" tenha se tornado relativamente raro nos supermercados da história.

7.6 A marcha da insensatez

Em conclusão, com base nas evidências materiais disponíveis nesta segunda década do século XXI, o que se pode dizer do sistema multilateral de comércio é que ele continuará a sofrer pressões as mais diversas, advindas do comportamento oportunista da maior parte dos governos, com a proliferação de arranjos *ad hoc* (não apenas no domínio da formação de blocos) que contribuem para fragmentá-lo um pouco mais, em virtude das dificuldades naturais vindas da economia mundial numa fase de transição como esta. Os efeitos da maior integração dos antigos países socialistas e das economias em desenvolvimento aos fluxos mundiais de comércio e de investimentos, em curso nas últimas duas décadas, ainda não foram de todo absorvidos, se é que eles podem sê-lo no futuro previsível. Afinal de contas, não apenas os dois novos gigantes da economia mundial (China e Índia) ainda dispõem de um formidável contingente de trabalhadores pobres que precisam ser integrados à divisão internacional do trabalho, mas, em outros continentes também, enormes exércitos industriais de reserva aguardam o momento para entrar nos circuitos da "prosperidade" capitalista.

No que concerne, particularmente, às novas tendências da integração regional, tudo leva a crer que o processo descontrolado de formação de blocos continuará a "prosperar" no futuro imediato, com uma proliferação de esquemas preferenciais de todo tipo, tamanho e sabor. Os aspectos eventualmente negativos desse "prato de espaguete" serão tentativamente contornados pelas empresas, com localizações não exatamente determinadas pela racionalidade econômica estrito senso, um equivalente do "ótimo paretiano" para a distribuição de investimentos, mas por cálculos econômicos de tipo mercantilista, isto é, baseados nas oportunidades oferecidas pelos governos, com todo o potencial de uma "guerra fiscal internacional" e da concorrência predatória pela atração de investimentos que essa proliferação suscitar.

No médio e no longo prazo, porém, esse jogo pode tender a uma espécie de "soma zero", na medida em que todos buscam ganhar à custa dos "excluídos" (que então passam a praticar outros tipos de políticas para compensar os efeitos do desvio de comércio e investimentos). Ao fim e ao cabo, o "novo regionalismo" continua a distorcer as regras do jogo econômico da mesma maneira que fazia o "velho", com uma particularidade: as regras multilaterais, hoje, se perdem num emaranhado de regras *ad hoc*, estabelecidas pelos próprios participantes desse jogo, sem que o sistema da OMC disponha de dentes, ou garras, para inibir os comportamentos mais oportunistas.

A consequência mais visível de todo esse movimento "regionalista" é que o processo de globalização continuará a ser freado por forças particularistas e protecionistas, pois que não cabe dúvida de que a "regionalização" retarda processos mais ousados de abertura, em especial na área agrícola, a que afeta mais fortemente os países mais pobres (que, aliás, são também os menos incluídos nos blocos comerciais oportunistas). Não será a primeira vez na história que a "marcha da insensatez" conduz sociedades inteiras em direção de itinerários que, se não são exatamente catastróficos, parecem conduzir a humanidade a um eterno retorno sobre si mesma. Repetir erros passados parece ser próprio dos homens, pois do contrário a humanidade já seria um lugar bem mais agradável de viver. Resta-nos, parafraseando Mário de Andrade no poema "O Poeta Come Amendoim",[1] de 1928, dizer que "progredir, progredimos um tiquinho, que o progresso também é uma fatalidade..."!

Questões para discussão

1. Como você avalia os pesos relativos da globalização e do regionalismo na construção da economia contemporânea e quais tendências futuras podem ser apontadas a partir dos processos hoje detectados?
2. Serão os esquemas de integração contraditórios com os requerimentos da interdependência econômica contemporânea ou são eles compatíveis entre si?
3. Com base no que foi descrito e discutido até aqui, como você vê o futuro do Mercosul, do Nafta e o da UE?
4. Seria o caso de reforçar as disciplinas existentes no sistema multilateral de comércio sobre o regionalismo tal qual ele se manifesta na prática? Como isso poderia ser feito?
5. O regionalismo comercial exacerbado está minando a credibilidade da OMC?

Para saber mais

ALMEIDA, Paulo Roberto de. Os limites do alinhamento: liberalismo econômico e interesse nacional, 1944-1951. *Estudos Ibero-Americanos*, Porto Alegre: PUC-RS, v. XIX, n. 1, p. 13-39, jul. 1993.

________. *O Brasil e o multilateralismo econômico*. Porto Alegre: Livraria do Advogado, 1999.

________. Acordos minilaterais de integração e de liberalização do comércio: uma ameaça potencial ao sistema multilateral de comércio. In: GUERRA, Sidney (org.). *Globalização*: desafios e implicações para o direito internacional contemporâneo. Ijuí: Ed. Unijuí, 2006. p. 187-203.

BAUMANN, Renato; MUSSI, Carlos. *Mercosul:* então e agora. Brasília: Cepal, 2006.

OLIVEIRA, Ivan Tiago Machado. *O regionalismo no século XXI*: comércio, regulação e política. Rio de Janeiro: Ipea. Textos para Discussão 1709, 2012. Disponível em: <http://www.ipea.gov.br/sites/000/2/publicacoes/tds/TD_1709.pdf>. Acesso em: 28 nov. 2012.

1 ANDRADE, Mário de. *Clã do Jabuti*. Belo Horizonte: Itatiaia. São Paulo: Edusp, 1987.

CONCLUSÃO

No momento em que está sendo redigido este capítulo conclusivo voltam a frequentar as páginas dos jornais do mundo norte-atlântico notícias sobre uma aspiração antiga, de certa forma recorrente e, até o momento, "inconclusiva": a retomada, e eventual finalização, de negociações para a assinatura de um acordo de livre-comércio entre as duas maiores economias do planeta, a União Europeia, de um lado, e os Estados Unidos, de outro, com o potencial, inclusive, de "arrastar" o Canadá e o México, já sócios deste último no Nafta, e, possivelmente, outros países associados, por diferentes tipos de acordos, à UE ou aos próprios Estados Unidos.

Se realmente levada a termo, essa antiga ideia de promotores da liberalização comercial dos dois lados do Atlântico tem o potencial de produzir uma pequena revolução na economia mundial. Sua importância, na verdade, é bem maior do que a própria dimensão dos fluxos comerciais que seriam criados a partir desse acordo, reconhecidamente limitada, uma vez que as duas grandes economias já desfrutam de amplo grau de abertura e de imbricação recíprocas, independentemente da conclusão bem-sucedida (isto é, sem muitas exceções setoriais) de um acordo desse tipo. Afinal de contas, ambas economias regionais já estão vinculadas entre si por laços históricos de comércio, investimentos, licenciamentos tecnológicos, *joint ventures* industriais, seja no âmbito bilateral, seja no contexto da OCDE, além da intensa troca de capital humano que se estabelece continuamente nas mais diferentes esferas da cooperação científica e educacional, para não falar, obviamente, das barreiras notoriamente limitadas que existem para os mais diversos intercâmbios, há mais de três séculos entre as duas regiões, tanto sob a forma de poucos obstáculos substantivos às trocas privadas e oficiais, como na modalidade tarifária, com alíquotas bastante reduzidas praticadas na maior parte dos casos. Ou seja, existem poucos entraves ao intenso fluxo de bens, serviços, capitais, tecnologia e pessoas entre essas duas grandes regiões econômicas do mundo, a da UE e a da América do Norte, inclusive porque a segunda foi construída, historicamente, pela primeira, até que o dinamismo da segunda, expressa em suas maiores taxas de crescimento da produtividade, veio a colocar em segundo plano o peso da primeira, fonte original da ordem econômica global, tal como a conhecemos nos últimos cinco séculos.

Mas, se o impacto econômico efetivo desse tipo de acordo é pequeno, por que destacar com tanta ênfase, neste capítulo final, o que não parece deixar de ser, até aqui, uma mera possibilidade teórica, tantas vezes anunciada e tantas vezes frustrada em sua implementação prática? Existem muitas razões e elas têm a ver com diferentes aspectos que foram discutidos ao longo do livro e que podemos agora retomar seletivamente como lições que podem ser extraídas dos capítulos precedentes e como guias para o possível mundo do futuro, de médio ou de longo prazo.

A importância de um acordo entre dois gigantes do comércio internacional (os quais, justamente, estão no centro do fenômeno da regionalização, um pelo lado do livre-comércio, o outro pela integração profunda) situa-se precisamente no fato concreto de que ambos mobilizarão proporção relevante, atualmente determinante, do PIB global e do comércio internacional, mesmo se o acordo, em si, não agregar muito aos fluxos que já vêm sendo efetivados "naturalmente" entre os dois lados do Atlântico. Se e quando efetivado tal acordo (as apostas contrárias também são poderosas), ele terá um impacto profundo em termos institucionais (ou seja, sobre o sistema internacional de comércio e suas rodadas de negociação) e em relação a terceiros mercados, para dentro e para fora dos dois blocos eventualmente unidos pelo livre-comércio. Mais ainda, um acordo desse tipo parece sintetizar todos os bons efeitos e todos os defeitos, todos os méritos e muitos vícios do minilateralismo comercial. Vejamos, agora, e em conclusão, como e por quê, exatamente.

As bondades do livre-comércio, em perspectiva teórica e prática

Cabe destacar, em primeiro lugar, que o que se discute entre a União Europeia e os Estados Unidos não é nenhuma forma mais elaborada de integração, e, sim, um acordo de livre-comércio, pura e simplesmente (embora bem mais abrangente e complexo do que aqueles usualmente registrados na OMC), provavelmente concebido, aos olhos americanos, no estilo e no formato do Nafta. A retomada dessas negociações, depois de muitos anos de torpor burocrático, apresenta evidências de novos elementos, de caráter político, que não estavam presentes quando se cogitou, originalmente, um tipo qualquer de desarme tarifário entre os mesmos personagens (a UE contando, então, com um número bem mais reduzido de membros). A resposta está, provavelmente, no fator China, mas convém, antes de qualquer outra consideração, ressaltar o impacto positivo de um real arranjo liberalizador que se faça entre a UE e os Estados Unidos.

De fato, a primeira consequência mais geral de um acordo desse tipo é, essencialmente, um efeito demonstração, ou seja, o exemplo positivo dado pelo engajamento de dois grandes parceiros, na verdade os maiores, do sistema multilateral de comércio, no sentido de confirmar a vocação liberalizadora que esteve presente no momento de criação do Gatt e que se manteve mais ou menos constante nas primeiras cinco ou seis rodadas de negociações comerciais multilaterais. Infelizmente, esse impulso começou a se perder a partir de 1970, quando, tanto em função do menor peso das tarifas nos processos liberalizadores (já que elas tinham sido consideravelmente reduzidas desde o final dos anos 1940, adquirindo maior importância, então, os temas sistêmicos, ou de caráter regulatório), quanto em virtude da perda de competitividade de velhas indústrias *labor-intensive* dos países desenvolvidos em face dos chamados "novos países industrializados", alguns periféricos da Ásia e da América Latina (Coreia do Sul, Taiwan, Hong-Kong, Brasil, México etc.) que passaram a competir agressivamente em grandes nichos de mercados nos quais possuíam vantagens comparativas (calçados, têxteis, manufaturas leves etc.). Acresce a isso a crise fiscal e de "estagflação" dos países avançados, mais ou menos coincidente com a primeira e a segunda crise das dívidas externas dos países em desenvolvimento, que redundou no renascimento de instintos protecionistas no seio mesmo do sistema, entre aqueles que tinham garantido, até então, o sucesso das rodadas de liberalização de comércio.

O mundo atravessou, desde essa época, fases de maior ou menor fechamento comercial, ao mesmo tempo que ensaiava a revitalização dos velhos princípios multilateralistas que haviam guiado os negociadores em Bretton Woods e que tinham resultado na criação de uma primeira organização mundial de comércio, inscrita na Carta de Havana (março de 1948), mas que infelizmente não foi implementada na prática. Em todo caso, o processo foi retomado na segunda fase da rodada Uruguai (entre 1991 e 1992), quando se decidiu relançar a ideia de uma organização de pleno direito (uma vez que o Gatt era um simples acordo entre partes contratantes, dotado de um secretariado mínimo, esquema que tinha permanecido "provisoriamente" em vigor durante meio século), o que foi concretizado em Marraqueche (1993), com a assinatura da Ata Final da rodada, da qual emergiu a OMC (1995).

Mas a institucionalização da OMC também foi contemporânea da maior expansão já vista dos acordos regionais preferenciais, um pouco em todos os continentes, como já constatado nos capítulos deste livro. O minilateralismo parecia querer ganhar preeminência sobre o multilateralismo e, de fato, nas estratégias comerciais das grandes, como nas das pequenas e médias potências da economia mundial, ganhava força a ideia de que a solução para os problemas de acesso a mercados e de compatibilização de regras não tarifárias não estava mais no âmbito do Gatt, ou da OMC (dependendo do tipo de acordo), mas na constituição de blocos restritos, ditos de regionalismo aberto, mas potencialmente discriminatórios.

O anúncio, portanto, de que Estados Unidos e UE vão voltar a discutir a criação de uma vasta zona de livre-comércio recíproco (a maior do mundo, talvez só superável quando os países-membros da Asean e seus parceiros da bacia da Ásia Pacífico fizerem a sua, em algum momento da próxima década) é auspiciosa, no sentido em que essa iniciativa pode representar um novo impulso à (conclusão da?) Rodada Doha de negociações comerciais multilaterais, cuja partida foi dada em 2001. Supõe-se que, uma vez concretizada a nova superaliança comercial, seus dispositivos liberalizadores representem inclusive um avanço sobre o estado atual das negociações comerciais, em termos de desmantelamento de barreiras e do estabelecimento de regras uniformes para o mútuo reconhecimento de padrões industriais e de diversas outras normas que podem atuar (deliberadamente, segundo os casos) como medidas protecionistas disfarçadas.

As respectivas barreiras tarifárias, em si, são pouco relevantes (representando uma média de 3% para os produtos manufaturados), mas como o comércio inter/intraindustrial e também intrafirmas, entre os dois lados, é especialmente intenso, mesmo uma pequena diminuição dos custos pode significar, no plano microeconômico, um incremento significativo para as empresas engajadas no intercâmbio, estimulando inclusive novos investimentos diretos estrangeiros das duas regiões e de terceiros. Subsistem zonas de protecionismo setorial, sobretudo na agricultura (e aqui é provável que ambos lados conservem não apenas entraves protecionistas, como subsídios por vezes abusivos), bem como políticas de sustentação de setores ditos estratégicos (como aviação civil, por exemplo) que poderiam ser objeto de mais alguma unificação de critérios nas medidas de apoio doméstico ou comunitário.

Haveria, do lado americano, bem menos resistências políticas e sociais, no Congresso ou dos sindicatos, a um acordo com os europeus, uma vez que não estariam presentes as mesmas preocupações com um suposto "*dumping* social" mexicano que quase comprometeu a aprovação do Nafta, exigindo a negociação de acordos paralelos para lograr a superação de paranoias setoriais e a aprovação congressual. Em resumo, tanto no plano teórico (como a efetivação de economias de escala e os estímulos ao crescimento econômico, do emprego e da renda), quanto no plano prático (tendo em vista a uniformidade relativa de padrões produtivos e financeiros, já obtida no âmbito da OCDE), diferentes elementos concorrem para reforçar os traços positivos que esse tipo de integração comercial entre as duas maiores economias planetárias pode representar, não apenas para as partes no acordo, mas para outros parceiros externos e, sobretudo, para o sistema multilateral de comércio.

As maldades da discriminação contra terceiros: uma ameaça sempre presente

Acordos regionais de comércio, como ressaltado anteriormente, são potencialmente discriminatórios contra terceiras partes e podem reforçar as tendências ao desvio de comércio e de investimentos, mais do que ao crescimento global desses fluxos. No caso da UE e dos Estados Unidos, porém, essas ameaças são relativamente insignificantes, tendo em vista as barreiras tarifárias bastante reduzidas efetivamente existentes (exceto o setor agrícola, como é amplamente conhecido) e o amplo grau de uniformização de práticas comerciais e contábeis já alcançado dentro da OCDE. Mas não resta dúvida de que a retomada de negociações para um eventual acordo entre os dois gigantes se dá numa conjuntura de crise e de recessão dos dois lados do Atlântico, com reações setoriais de cunho protecionista sendo agitadas nos meios sindicais e políticos, em especial como resultado dos temores despertados pela destruição de empregos industriais representada pela competição manufatureira da China.

A China, de fato, parece constituir o personagem não revelado dos cálculos de europeus e americanos quanto à manutenção de certa margem de preferências comerciais recíprocas, em face da concorrência julgada predatória dos produtos de baixo custo de origem asiática. Registre-se, porém, que grande parte da oferta manufatureira chinesa se faz ao abrigo de marcas registradas americanas e europeias, já que representam o resultado da alocação "ótima" de investimentos diretos que fizeram suas multinacionais, visando aproveitar as vantagens comparativas de mão de obra e menores exigências ambientais ou outras que representam uma produção a partir das plataformas de exportação da China. É bem provável, contudo, que os dirigentes econômicos e políticos dos dois lados tenham sido estimulados por essa reação defensiva contra novas "invasões chinesas" ao considerarem a decisão de retomar negociações para um acordo de livre-comércio.

Tendo em vista, por outro lado, o amplo rol de acordos bilaterais, plurilaterais ou simplesmente minilateralistas, que cada uma das duas grandes economias mantém com parceiros selecionados de suas respectivas preferências políticas, é possível que o viés discriminatório contra terceiros seja reforçado, caso esse superacordo venha a ser concluído num futuro próximo. A UE é, de longe, o bloco que mais acordos de associação mantém com suas áreas de influência: países do Mediterrâneo, antigas colônias europeias, antigos países socialistas em transição para a economia de mercado, com destaque para os já candidatos à adesão ao bloco comunitário (entre eles, mas não exclusivamente, a Turquia). Não há dúvida, assim, de que países dispondo de acordos de livre-comércio com os Estados Unidos ou de associação com a UE são potenciais beneficiários da formação da mais vasta zona de livre-comércio que poderia passar a existir dos dois lados do Atlântico Norte.

Não é improvável, num cenário como esse, que os países da orla do Pacífico, e até do Índico e da Oceania, acelerem, em consequência, suas próprias negociações (algumas já em curso, como aquelas envolvendo a Asean e as grandes nações industriais da Ásia – Pacífico: China, Japão, Coreia do Sul e Taiwan) com o objetivo de também estabelecer uma vasta área de preferências tarifárias, podendo evoluir, em médio prazo, para um acordo de livre-comércio, talvez menos ambicioso do que o de europeus e americanos (pela amplitude setorial), mas provavelmente tão importante quanto, em termos de fluxos totais de comércio, investimentos e integração tecnológica e produtiva. Não foi por outra razão que alguns países latino-americanos (Chile, Peru, Colômbia e México) decidiram consolidar antigos laços de liberalização comercial parcial (no âmbito da Aladi) num novo esquema que leva o significativo nome de "Aliança do Pacífico", provavelmente visando reforçar o comércio recíproco, mas também constituir uma frente comum para aproveitar as melhores oportunidades que possam surgir do lado dos vários esquemas existentes na bacia do Pacífico (Apec, Asean, Pacto Trans-Pacífico e diversos outros de geometria e escopo bastante variáveis).

Existiriam aí motivos de preocupação para países visivelmente excluídos desses processos de liberalização comercial, que podem levar a acordos de integração regional, entre eles, em especial, os do Mercosul, bloco que parece experimentar uma fase de retrocessos econômicos e de certa recaída na retórica integracionista de cunho político, com efeitos totalmente inócuos para a integração real de suas economias. Não se pode, entretanto, culpar aqueles protagonistas principais da bacia do Pacífico e da franja do Atlântico norte de discriminação deliberada contra os latino-americanos que ficaram à margem das principais iniciativas liberalizadoras e integracionistas: a culpa, aqui, recai sobre eles mesmos. Com efeito, foram os líderes da Argentina, do Brasil e da Venezuela que decidiram sabotar deliberadamente as negociações do projeto americano da Alca, terminando por implodi-la em 2005 (a Venezuela por motivações claramente políticas antineoliberais e antilivre mercados). Os dois grandes do Mercosul apenas mantinham a ilusão de que a UE desejava efetivamente um acordo de associação birregional, à margem e independentemente da "ameaça" da ALCA, para seus interesses econômicos junto ao bloco do Mercosul: uma vez afastada essa possibilidade, as negociações passaram a arrastar-se penosamente, sem perspectivas de reais compromissos de liberalização setorial (na área agrícola, para os europeus; em setores industriais, no caso dos países do Mercosul).

Não se pode, assim, afirmar que europeus, americanos ou asiáticos estejam discriminando deliberadamente contra africanos ou latino-americanos (neste caso, bem mais "contra" os membros do Mercosul e os "bolivarianos"), uma vez que suas atuais iniciativas de esquemas de liberalização comercial e, possivelmente, de integração, não excluem outros acordos de livre-comércio que esses "blocos", ou certos países individualmente, possam contrair com quaisquer outros parceiros em outras regiões. Nesse caso, são as próprias políticas comerciais introvertidas e suas políticas industriais protecionistas que contribuem para autoexcluir alguns dos latino-americanos do vasto movimento liberalizador em curso em outras regiões, afinal de contas, não é por causa do aparente fracasso da Rodada Doha que Brasil e Argentina decidiram retroceder no caminho da integração com o mundo e sim por decisão de suas próprias lideranças políticas (muitas vezes por pressão de industriais acostumados à proteção estatal) que esses países adotam medidas comerciais que os remetem aos cenários de intervencionismo e de protecionismo típicos dos anos de substituição de importações.

O grande salto para frente do regionalismo comercial

Quaisquer que sejam os itinerários atuais e futuros desses diferentes esquemas preferenciais de comércio em curso, com maior ou menor vigor em diferentes regiões do globo, parece evidente que, independentemente do "estado de saúde" do sistema multilateral de comércio, os acordos regionais vão continuar se multiplicando em um futuro previsível, inclusive porque eles respondem a uma necessidade lógica dos seus principais agentes, que são as empresas multinacionais, atores também privilegiados do processo de globalização. Como esse processo é desigual por natureza, sempre sujeito aos acasos de lideranças políticas nacionais que podem decidir, de uma hora para a outra, mudar arbitrariamente as regras domésticas (por exemplo, para investimentos, tributação de atividades produtivas, fluxos de capitais, comércio exterior e, por último, mas nao menos importante, política cambial), as grandes empresas multinacionais estão sempre pressionando seus governos a negociar acordos de tipo *second best*, ou seja, de integração comercial, como forma de consolidar um tratamento uniforme numa região determinada ou para certo grupo de países, à falta de abertura multilateral e de regras universais.

Os blocos comerciais, nesse sentido, são uma resposta parcial à necessidade que têm essas companhias de planejar seus investimentos e a ulterior divisão de mercados segundo regras mais ou menos estáveis e uniformes: uma vez que esses progressos no plano normativo (e até na moderação tributária e tarifária) são extremamente difíceis de serem obtidos no âmbito multilateral, o mais provável é que a pressão para a conclusão de novos acordos de integração regional (em especial sob a forma de livre-comércio) continue a se exercer sobre os governos das grandes economias de mercado no futuro previsível.

Cabe esperar, portanto, que o número de acordos regionais de comércio (já na casa do meio milhar atualmente, segundo as estatísticas da OMC disponibilizadas ao início deste livro), continue a experimentar novos acréscimos graduais, aumentando o tamanho, a textura, as cores e o sabor do "prato de espaguete" de que falou o economista indiano da Universidade de Columbia, Jagdish Bhagwati. Em lugar, porém, de uma única grande travessa de massa, ou seja, um prato feito, *prêt-à-porter*, com um mesmo tipo de pasta, existem, de fato, diferentes pratos de espaguete, numa espécie de *menu à la carte* que se adapta ao gosto e às necessidades das diversas economias engajadas nesses processos de liberalização parcial, com suas variações regionais e peculiaridades políticas e geográficas.

Improvável, assim, que o regionalismo comercial possa experimentar algum retrocesso no médio prazo, ainda que ele possa caminhar, cada vez mais, para o já referido "regionalismo aberto", uma vez que este é o impulso que também procuram incentivar os mesmos atores por excelência dos processos de globalização e de regionalização: as empresas multinacionais. O sistema multilateral de comércio terá, nesse sentido, de conviver com a fragmentação de regras e de tratamento aplicados pelos diferentes esquemas regionais existentes, esperando-se, apenas, que o núcleo básico de cláusulas fundamentais desse sistema não seja abalado por políticas casuísticas de governos intervencionistas que pretendem, como já visto em alguns casos, fazer rodar para trás a roda da história.

Desde os tempos dos fenícios e dos mercadores árabes, o mundo sempre caminhou para uma progressiva integração de mercados, apenas interrompida por grandes enfrentamentos bélicos ou por crises econômicas de certa envergadura. Nos tempos modernos, as guerras napoleônicas, os grandes conflitos do século XX, e a grande crise e depressão dos anos 1930 fizeram retroceder, em níveis dramáticos, a prosperidade e o bem-estar de centenas de milhões de habitantes: protecionismo comercial, controles de capitais e desvalorizações agressivas só provocaram diminuição do crescimento econômico, aumento do desemprego e novos conflitos entre os Estados.

Essa marcha da insensatez foi revertida desde os acordos de Bretton Woods e a criação do Gatt, mas as crises recentes das economias avançadas demonstram o potencial de danos que tais fases de instabilidade podem trazer para os níveis de crescimento econômico e, sobretudo, para os fluxos de comércio e de investimentos. O comércio, bem mais do que simples acordos de cooperação voluntária, possui um enorme potencial de trazer prosperidade para contingentes cada vez maiores de grupos humanos anteriormente afastados das ondas de prosperidade que o livre intercâmbio propicia aos países e economias nele engajados. Os acordos regionais de comércio, ainda que propiciando uma abertura parcial e seletiva a novos fluxos de intercâmbio de bens e serviços, possuem o potencial de contribuir para essa grande missão civilizatória e de criação de riqueza e de bem-estar. Eles não são a solução-milagre para o grande desafio do desenvolvimento uniforme de vastos contingentes populacionais ainda não plenamente integrados aos sistemas de mercados livres; mas eles podem ser parte da solução, desde que abertos à adesão de novos membros, transparentes quanto aos eventuais mecanismos residuais de proteção e dotados de regras estáveis.

Este livro tentou lançar uma luz sobre os seus méritos econômicos, sobre suas virtudes políticas, mas também sobre seus potenciais defeitos e inconveniências, como, aliás, toda e qualquer resposta humana a desafios colocados pelo meio ambiente e pelas circunstâncias sob as quais se organizam as sociedades contemporâneas. O autor espera que seu intento tenha sido coroado com êxito.

CRONOLOGIA DA INTEGRAÇÃO NO CONTEXTO INTERNACIONAL

Experimentos de integração *(no sentido lato)* anteriores ao Acordo Geral de Tarifas Aduaneiras e Comércio (Gatt)

Séculos XII a XVII

» A **Liga Hanseática** (Hansa) não foi exatamente um experimento de integração comercial, ou de conformação de um bloco econômico de cooperação, mas uma associação de cidades comerciais, e de mercadores da Europa do norte, que se estendia em torno do mar Báltico oriental até os portos da Alemanha setentrional; facilitava o intercâmbio, promovia a cooperação monetária e o desenvolvimento das rotas comerciais. Associações similares existiam na França, nos Países Baixos e na Inglaterra, mas a Hansa foi a mais famosa, e a mais duradoura, das associações de comércio. Entrou em decadência depois dos tratados de Vestfália, que atribuíram soberania a príncipes desejosos de exercer um poder exclusivo em suas respectivas jurisdições. Veio a extinguir-se, na prática, no período napoleônico, quando se formam Estados centralizados em quase toda a região.

Século XIX

» **Zollverein**: união alfandegária estimulada pela Prússia, depois do período napoleônico, que assistiu à emergência da potência econômica, industrial e comercial, britânica e despertou a necessidade de unificar territórios, legislações e regras de acesso aos mercados dispersos da então Alemanha pré-unificação. Iniciada entre 1828 e 1834, foi incorporando pequenos principados em torno da Prússia e depois grão-ducados, cidades-estados e outras unidades territoriais germânicas. Em meados do século, ela cobria boa parte da Alemanha moderna (pré-guerra de 1914--1918) e permitiu vencer os obstáculos semifeudais que dificultavam o crescimento da Alemanha enquanto moderna economia de mercado e nova potência industrial, que desafiaria a Grã-Bretanha na segunda metade do século XIX.

1860

» **Cobden-Chevalier** (do nome dos dois ministros de comércio que o promoveram): acordo de livre-comércio França-Grã-Bretanha, destinava-se a promover o livre intercâmbio de produtos alimentícios entre os dois países, abolindo as tarifas alfandegárias que os gravavam. Previsto inicialmente por dez anos, sua importância foi mais simbólica, por ter introduzido o livre-comércio num país tradicionalmente protecionista como a França, o acordo teve pouco impacto na estrutura do comércio exterior britânico, já amplamente liberalizado. Como o tratado previa a cláusula de nação mais favorecida, tratados subsequentes com a Bélgica, o Zollverein, a Itália e a Áustria generalizaram o regime de livre-comércio em quase toda a Europa, movimento revertido no final do século pelo retorno da França ao protecionismo. Depois que uma nova tarifa protecionista é introduzida na França em 1892, o tratado bilateral, que tinha levado a uma tarifa média de 10%, é automaticamente denunciado.

Séculos XIX-XX

» **União Latina**: área de cooperação monetária entre diversos países europeus, sob a liderança da França, que baseavam seus sistemas monetários sobre o bimetalismo (ouro e prata). Foi constituída em torno de um tratado formal, de 1865, e extinguiu-se em meados dos anos 1920, na crise da reconversão das moedas ao padrão ouro, em diferentes paridades, como consequência dos processos inflacionários criados pela Primeira Guerra Mundial. Os países signatários (entre eles a Itália e a Suíça, mas não a Alemanha nem a Grã-Bretanha) estabeleceram padrões uniformes para a emissão e a circulação de moedas (nos dois metais, com pesos similares entre as cunhagens nacionais) e se prontificavam a cooperar entre si. O tratado foi declarado extinto em 1827, depois que a Bélgica o denunciou, em 1825, no seguimento de uma união monetária concretizada com o Luxemburgo.

1921

» Fundação da **União Econômica Belgo-Luxemburguesa**, estabelecendo um território aduaneiro uniforme e uma paridade completa entre o franco belga e o franco luxemburguês. Disposições complementares foram adotadas entre 1944 e 1947, quando foi estabelecida a União Aduaneira entre Bélgica, Países Baixos e Luxemburgo (Benelux), o tratado de união aduaneira entre os dois países e os Países Baixos. O experimento aduaneiro foi gradualmente diluído no mercado comum europeu, ao longo de sua conformação unificada, entre 1958 e 1993, ao passo que a união monetária belgo-luxemburguesa veio a termo com a introdução do euro, entre 1999 e 2001, que substituiu as moedas nacionais dos vários países europeus, membros da União Europeia (UE), e aderentes à sua união monetária.

1941

» Assinatura de um **tratado de união aduaneira entre o Brasil e a Argentina**, aberto à adesão do Uruguai e do Chile. Esse tratado não foi concretizado [senão sob a forma do Mercado Comum do Sul (Mercosul), algumas décadas mais tarde], em razão das turbulências políticas criadas pela Segunda Guerra Mundial e caminhos econômicos diversos adotados pelos dois países.

1944

» Tratado de Londres, criando a União Aduaneira do **Benelux** (Bélgica, Países Baixos e Luxemburgo), quando os três governos se encontravam ainda no exílio, em virtude da ocupação alemã. Complementado e posto em funcionamento pelo Protocolo da Haia, de 1947, que formalizou a união alfandegária e liberalizou amplamente os intercâmbios econômicos entre os três países, foi perdendo significado com o aprofundamento gradual da integração europeia, de base comunitária, mais profunda, portanto, que o esquema intergovernamental a três.

1944

» **Acordos de Bretton Woods**, definindo um novo regime monetário e esquemas de cooperação financeira entre os países-membros, colocando as bases da multilateralização e da liberalização dos intercâmbios globais. Esses acordos deveriam ter sido complementados por um acordo multilateral de comércio, o que não foi possível de se lograr, tendo sido parcialmente cobertos pelo regime provisório do Gatt.

1947-48

» Conclusão e entrada em vigor do **Acordo Geral sobre Tarifas Aduaneiras e Comércio (Gatt)**, ao curso de negociações conduzidas em Genebra, entre março e outubro de 1947, com entrada em vigor em janeiro seguinte entre oito países. Deveria ser incorporado à Carta de Havana, de 1948, resultante da Conferência sobre Comércio e Emprego das Nações Unidas (novembro de 1947-março de 1948), mas nunca entrou em vigor por falta de ratificações. O Gatt vigorou sozinho, ainda que temporariamente, durante quase meio século, tendo sido complementado e reformado por diversas regras agregadas de modo subsequente, inclusive com a formação de um secretariado e um mecanismo arbitral de solução de controvérsias. O Artigo 24 do acordo definia as condições sob as quais partes contratantes poderiam eximir-se da cláusula de nação mais favorecida (Artigo 1) e constituir zonas de livre-comércio e uniões aduaneiras, modelado formalmente em dispositivos adotados no Benelux. O Gatt-1947 foi emendado e substituído pelo Gatt-1994, na conclusão da rodada Uruguai (1987-1993) de negociações comerciais multilaterais, que também criou a Organização Mundial do Comércio (OMC) em 1995.

O sistema multilateral de comércio: integração em marcha lenta

1948

» O Gatt entra provisoriamente em vigor, em janeiro, entre oito partes contratantes; se expandirá progressivamente ao longo dos anos, com uma maioria de países de economia de mercado, mas sem excluir alguns países socialistas que se mantêm no sistema (a despeito da estatização completa do comércio exterior).

1948

» Criação da **Organização Europeia de Cooperação Econômica (Oece)**, para administrar a distribuição da ajuda dos Estados Unidos concedida no âmbito do Programa de Recuperação Europeia (Plano Marshall), prevendo a troca de informações relevantes entre os membros, intercâmbio de experiências em matéria de políticas econômicas, cooperação para a integração de suas economias e a liberalização progressiva dos intercâmbios comerciais e dos movimentos de capitais; funcionou concomitantemente a uma União Europeia de Pagamentos (com créditos fornecidos também pelos Estados Unidos), administrada pelo Banco de Compensações Internacionais, sistema que operou a conversão gradual das moedas europeias para os regimes de plena conversibilidade (sem restrições de pagamentos) e de relativa estabilidade cambial, previstos em Bretton Woods.

1949-51

» Primeira e segunda rodadas de negociações comerciais multilaterais do sistema do Gatt, ditas de Annecy e de Torquay; redução moderada de tarifas aduaneiras entre países industriais, que já tinham sido significativamente reduzidas em 1947; aumento do número de partes contratantes ao Gatt, mas o sistema ainda permanece provisório e carente de reformas.

1951

» Tratado de Paris, criando a **Comunidade Europeia do Carvão e do Aço** (Ceca) entre Alemanha, França, os três do Benelux e a Itália, tornando a administração (gestão da exploração e da comercialização de recursos energéticos e siderúrgicos) desses produtos um empreendimento coletivo a ser dirigido por um órgão executivo desnacionalizado (a Alta Autoridade), base do sistema comunitário que caracteriza toda a integração europeia, até as fases contemporâneas de união monetária (parcial) e política (sem integração completa de estruturas militares). Um parlamento, um tribunal de justiça e órgãos de controle complementam o edifício integracionista, que se tornou cada vez mais complexo ao longo do tempo. A Ceca deixa oficialmente de existir somente em 2002.

1956

» Nova rodada de negociações comerciais multilaterais do sistema do Gatt, dita de Genebra, com incremento moderado da liberalização e início das demandas de países em desenvolvimento por reformas no sistema, prevendo tratamento diferencial em seu favor, sem necessidade de reciprocidade estrita.

1957

» Tratados de Roma criando a **Comunidade Econômica Europeia (CEE)**, pela qual se institui um mercado comum aos seis países europeus membro da Ceca, e uma comunidade para o uso pacífico da energia nuclear. A CEE preserva o esquema comunitário já introduzido no esquema supranacional da Ceca e o amplia significativamente, com a criação de diversos órgãos diretivos e de solução de controvérsias.

1960

» Constituição da Associação Europeia de Livre-comércio (Efta), sob liderança do Reino Unido, reunindo todos os demais países europeus que não aceitaram, ou não puderam, unir-se aos seis pioneiros da integração supranacional. Ao longo das décadas seguintes, a maior parte de seus membros, a começar, em 1972, pelo próprio Reino Unido (acompanhado da Irlanda e da Dinamarca), resolve aderir ao esquema comunitário europeu. Em 2013, os membros da Efta estavam reduzidos à Islândia, Noruega, Suíça e a Liechtenstein.

» Criação da **Organização de Cooperação e Desenvolvimento Econômico (OCDE)**, em substituição à Oece. Ampliação do número de membros aos países do capitalismo avançado e alguns menos desenvolvidos (Portugal, Grécia).

1960-61

» Rodada de negociações comerciais multilaterais do sistema do Gatt, realizada em Genebra, promove novas reduções tarifárias e discute o impacto da formação da CEE sobre o sistema multilateral de comércio.

1964

» **Primeira conferência das Nações Unidas sobre Comércio e Desenvolvimento**, em Genebra, consolidando os esforços de países em desenvolvimento para reformar o sistema multilateral de comércio, em novas bases, diferenciadas e mais favoráveis a seus interesses. Sob pressão desse processo, o Gatt é reformado, acrescentando-se uma parte IV ao acordo original, sobre comércio e desenvolvimento, dando início ao estabelecimento de um sistema geral de preferências, na verdade um conjunto de concessões unilaterais, relativamente arbitrárias, de partes contratantes mais desenvolvidas para as de menor desenvolvimento, mas que nunca se converteu num sistema verdadeiramente geral e institucionalizado.

1964-67

» **Rodada Kennedy de negociações comerciais do Gatt** se ocupa, ademais de tarifas aduaneiras, de medidas antidumping.

1965

» **Acordo automotivo Estados Unidos-Canadá**, liberalizando e integrando esse setor estratégico da economia norte-americana, exibindo (com a indústria do petróleo) as maiores companhias do mundo e preparando a base institucional para sua extensão a outros setores na década de 1980.

» **Unificação das três instituições originais da integração europeia**, Ceca, Comunidade Europeia da Energia Atômica (Euratom) e Mercado Comum ou CEE) numa única estrutura política, com instituições comuns, inclusive um Parlamento, posteriormente eleito pelo voto direto, a partir de 1979.

1965-1966

» **Crise do processo de integração europeia**, com política da "cadeira vazia" conduzida pela França do general De Gaulle, para protestar contra o sistema de atribuição de fundos alocados à política agrícola europeia. A França sempre foi um dos principais beneficiários dos sistemas protecionistas e subvencionistas estabelecidos pela política agrícola comunitária, e continua obstruindo tentativas de liberalização ampliada do setor agrícola. Por outros motivos, mas até o final de sua presidência, o mesmo general De Gaulle recusou o ingresso do Reino Unido na CEE, adesão concluída apenas depois da aposentadoria do presidente francês.

1967

» **Criação da Associação das Nações do Sudeste Asiático (Asean),** entidade da época da Guerra Fria, para unir os países da região num momento de expansão do comunismo (China, Vietnã); era constituída originalmente por apenas cinco países: Cingapura, Filipinas, Indonésia, Malásia e Tailândia. Brunei Darussalam associou-se ao grupo em 1984, o Vietnã em 1995, seguido por Laos e Mianmar (antiga

Birmânia) em 1997 e pelo Camboja em 1999, conformando os dez membros atuais. Tem empreendido acordos de liberalização comercial, seja de forma bilateral (com a China, por exemplo), seja em esquemas plurilaterais, como o da Cooperação Econômica da Ásia Pacífico (Apec).

1971-73

» **Fim do sistema de Bretton Woods**, de paridades estáveis, garantidas pela promessa de conversibilidade de dólares em ouro. O sistema de flutuação de moedas se generaliza, e o sistema monetário internacional passa a viver sob o estresse de paridades erráticas de câmbio, com potencial acrescido de crises financeiras. Essa ruptura unilateral da parte dos Estados Unidos ajuda a provocar o aumento dos preços do petróleo em 1973, precipitando a primeira das crises internacionais que vai levar o mundo ao final de uma fase de três décadas de crescimento regular e dar início a um período de duas décadas de turbulências generalizadas na economia internacional.

1972

» **Ingresso do Reino Unido, da Irlanda e da Dinamarca nas Comunidades Europeias**, dando início ao processo de ampliação da integração europeia, que continuará, nos anos 1980, com a adesão de países meridionais (Grécia, Espanha e Portugal) e, nos anos 1990, com o ingresso de diversos outros membros europeus, alguns saídos do comunismo de tipo soviético.

1973-79

» **Rodada Tóquio** de negociações comerciais internacionais, uma das mais complexas antes da Rodada Uruguai, tratando de questões não tarifárias, de tipo sistêmico (antidumping, salvaguardas, barreiras técnicas etc.) e que consolida o princípio do tratamento preferencial e mais favorável para países em desenvolvimento. Aprovada a Cláusula de Habilitação, que permite reduções parciais e limitadas de tarifas e outras concessões entre países em desenvolvimento, rompendo em seu favor as regras mais rígidas do Artigo 24 do Gatt, o que abre um processo de proliferação de acordos parciais entre países em desenvolvimento.

1975

» **Criação do Sistema Econômico Latino-Americano (Sela)**, organismo regional intergovernamental latino-americano, com o objetivo de coordenar posições dos países latino-americanos nas discussões internacionais sobre a "nova ordem econômica internacional"; subsiste, com Secretariado em Caracas, como mero centro de troca de informações.

1981 e 1986

» **Adesão da Grécia, seguida depois pela de Portugal e Espanha à então Comunidade Europeia**; a Turquia apresenta sua candidatura em 1987. Em 2013 ainda subsistiam dúvidas (e mesmo oposição) quanto a seu ingresso na UE.

1983

» **Criação da Closer Economic Relations (CER)**, acordo de livre-comércio entre Austrália e Nova Zelândia, com abertura para acordos extrarregionais, inclusive um com os Estados Unidos.

1986-1993

» Desenvolvimento da mais abrangente das rodadas de negociações comerciais multilaterais, compreendendo, pela primeira vez, a discussão do comércio agrícola (e os fenômenos do protecionismo e das subvenções à produção interna e às exportações), dos investimentos diretos, da propriedade intelectual e, sobretudo, dos serviços, objeto de um acordo quadro, o **Acordo Geral sobre Comércio de Serviços (Gats)**, que complementa o Gatt, embora de maneira apenas formal, sem compromissos obrigatórios para os países. O resultado mais importante, contudo, não previsto quando a rodada foi lançada em Punta del Este, no Uruguai, em 1986, foi a criação, em meio do caminho, e o estabelecimento, em 1993, da Organização Mundial do Comércio (OMC), prevista desde os acordos de Bretton Woods.

1989

- Criação da Asia Pacific Economic Cooperation (Apec), entidade voltada para a cooperação econômica e a liberalização comercial no âmbito regional da bacia do Pacífico. Dela fazem parte 21 países, todos os da região, inclusive Taiwan e Hong Kong (mas não a Coreia do Norte) e os da vertente do Pacífico das Américas, o que representa 40% da população mundial, 54% do Produto Interno Bruto (PIB) global e 44% do comércio mundial. A Apec pretende estabelecer uma área aberta ao comércio e aos investimentos, para países ricos e em desenvolvimento, em torno de 2020.

1992

- **Assinatura do Tratado de Maastricht**, que cria a UE e prepara o caminho para o estabelecimento de uma união monetária, ou seja, a introdução de uma moeda única aos países que atendessem determinados critérios (ditos de Maastricht), sobre dívida pública, déficits orçamentários, juros e câmbio, estes dois na fase de transição, apenas. Vários países que não atendiam exatamente aos critérios foram admitidos politicamente na união monetária, beneficiando-se de facilidades creditícias vinculadas a moeda comum, o que gerou endividamento excessivo e crises mais adiante.

1993

- **Criação da Comunidade de Estados Independentes (CEI)**, formada pela Rússia e ex-repúblicas federadas da Ásia central, com vistas a conformar uma união aduaneira.

1995

- **Início das atividades da OMC**, que realizou diversas reuniões ministeriais, desde então, sem ter conseguido concluir nenhuma rodada negociadora; não obstante, ocorreram progressos significativos, em especial no sistema de solução de controvérsias, que superou o caráter errático, não obrigatório do esquema arbitral anterior, que era sobretudo arbitrário e permissivo.
- Áustria, Finlândia e Suécia aderem à UE, então com 15 países-membros. Uma década adiante, o número será elevado a 27, tornando difícil a administração

do edifício integracionista, caracterizado por milhares de regras e disposições tocando nos mais diversos aspectos das políticas macroeconômicas, setoriais e comportando mecanismos regulatórios os mais diversos. A união monetária, iniciada com um número restrito de membros, alcançou quase duas dezenas na segunda década do novo milênio, tornando ainda complexa a gestão das políticas econômicas nacionais.

A integração na América Latina: muitas declarações, pouca integração

1948

» Na **conferência constitutiva da Organização dos Estados Americanos (OEA)**, em Bogotá, os países latino-americanos reclamam um "Plano Marshall" para a região, em presença do próprio, que se contenta em recomendar que os países promovessem reformas econômicas para receber investimentos diretos estrangeiros, em lugar de esperar ajuda estatal dos Estados Unidos. Ainda assim, fica acordada a convocação de uma reunião econômica interamericana para examinar medidas tendentes a promover o desenvolvimento econômico latino-americano. Como resultado de diversas reuniões nos anos 1950, é criado o Banco Interamericano de Desenvolvimento (BID), com sede em Washington, como a OEA.

» É criada uma Comissão Econômica da Organização das Nações Unidas (ONU) para a América Latina, a **Comissão Econômica para a América Latina e o Caribe (Cepal)**, que teria um papel importante nos estudos técnicos (vários conduzidos pelo seu diretor-geral, o economista argentino Raúl Prebisch) que recomendam a integração econômica (via liberalização comercial entre os países) como forma de impulsionar a industrialização. Os governos dos países adotam as sugestões em seu formato mais genérico, mas promovem, ao mesmo tempo, políticas substitutivas de importação e políticas desenvolvimentistas de escopo estritamente nacional, o que objetivamente tornou mais difícil o objetivo de desmantelamento de barreiras para permitir a integração entre eles.

1960

» Primeiro tratado de Montevidéu, criando a **Associação Latino-Americana de Livre-comércio (Alalc)**, que tenta liberalizar (sem conseguir) o comércio entre os países-membros (todos os sul-americanos e o México). No mesmo ano era criado o Mercado Comum Centro-Americano (MCCA), com todos os países da região, à exceção do Panamá. A Alalc não conseguirá realizar seu objetivo livre-cambista e, em 1980, imediatamente após a aprovação da "Cláusula de Habilitação" (acordos de liberalização parcial de comércio entre países em desenvolvimento) no âmbito da Rodada Tóquio do Gatt, é substituída pela Associação Latino-Americana de Integração (Aladi).

1965

» **Assinatura do Convênio de Santo Domingo**, pelo qual é criado um mecanismo de compensações de pagamentos chamado Convênio de Créditos Recíprocos (CCR) (relativamente similar ao que tinha funcionado na Europa nos anos 1950) e que se destina a facilitar os intercâmbios econômicos entre os países numa situação de "penúria de divisas". Abre-se uma polêmica entre seu principal promotor, o economista Raúl Prebisch, e o Fundo Monetário Internacional (FMI), que pretendia multilateralizar os pagamentos e evitar distorções cambiais. O CCR continuou a funcionar no âmbito da Aladi e apresenta um papel limitado no financiamento dos intercâmbios comerciais na região.

1967

» A despeito de progressos muito tímidos na integração regional no âmbito da Alalc, que visava uma zona de livre-comércio, os presidentes latino-americanos, reunidos em Punta del Este resolvem proclamar o objetivo grandioso de um mercado comum latino-americano, que deveria ser "constituído progressivamente a partir de 1970" e que deveria "entrar em funcionamento num prazo não maior do que 15 anos". Não se pode dizer que, quase meio século depois da declaração solene, os países estejam perto de atingir essa meta, sequer o da zona de livre-comércio prevista em 1960.

1969

» **Assinatura do tratado de Cartagena**, entre os países do Grupo Andino (Venezuela, Equador, Colômbia, Peru, Bolívia e Chile), com vistas a realizar objetivos mais ambiciosos do que o simples livre-comércio previsto no acordo da Alalc, pretendendo avançar para um esquema de mercado comum, modelado parcialmente no sistema europeu, com a criação de um órgão comum (a Junta, ou um equivalente da Comissão Executiva da CEE) e um Tribunal de Justiça. Foram feitos alguns progressos na definição de políticas comuns, mas tampouco se avançou na liberalização profunda do comércio, mesmo sob forma de uma união aduaneira. Em 1975, o Chile, querendo praticar políticas mais liberais nos terrenos da política comercial e dos investimentos estrangeiros, se retira do grupo e passa a assinar acordos bilaterais de livre-comércio e a abrir substancialmente sua economia (o que o coloca na vanguarda da liberalização comercial unilateral).

1970

» Os países-membros da Alalc constatam que não foram capazes, no prazo de dez anos, de constituir a zona de livre-comércio prometida pelo primeiro tratado de Montevidéu e se comprometem a retomar os esforços para concluir o esquema nos dez anos à frente. Nesse intervalo, os países andinos promoveram diversos acordos setoriais para impulsionar seu próprio projeto de mercado comum, mas os resultados não foram, tampouco, satisfatórios. Poucos blocos regionais de livre-comércio existiam no mundo, em meio a diferentes esquemas de intervenção estatal nas economias nacionais, de regulação e de dirigismo, que se chocariam, em pouco tempo, com as crises iniciadas pela desvalorização do dólar e flutuação de moedas e pela primeira crise do petróleo, em 1973. Na América Latina predominavam governos militares, com as exceções da Venezuela, Colômbia, Uruguai e Chile, sendo que estes dois últimos países, mais a Argentina, conheceriam brutais ditaduras militares poucos anos à frente.

1980

» **Assinatura do segundo tratado de Montevidéu**, substituindo a Alalc pela Aladi; a despeito do nome mais ambicioso, os objetivos são os mais modestos de conformação de uma simples área de preferências tarifárias, em lugar da prometida zona de livre-comércio, de conformidade com as novas disposições mais flexíveis da "Cláusula de Habilitação" aprovada no quadro da Rodada Tóquio. Os países latino-americanos passam a contrair entre si, em esquemas parciais, limitados e simplesmente plurilaterais, ou mesmo bilaterais, simples acordos setoriais de escopo mais modesto, prevendo redução negociada de tarifas aduaneiras, sem o objetivo (e a obrigação) de alcançar a liberalização ampla prevista no Artigo 24 do Gatt.

1983-1985

» O final dos regimes militares na Argentina e no Brasil dá novo impulso aos projetos integracionistas: os dois governos democráticos passam a negociar acordos de cooperação e de integração.

1986

» **"Ata para a Integração Brasil-Argentina"**, estabelecendo, segundo modalidades baseadas na complementação industrial, o Programa de Integração e Cooperação Econômica (Pice), de caráter "gradual, flexível e equilibrado" e prevendo tratamentos preferenciais diante de terceiros mercados. Diversos protocolos setoriais são assinados bilateralmente.

1988

» **"Tratado de Integração, Cooperação e Desenvolvimento"** entre o Brasil e a Argentina, com o objetivo de consolidar o processo de integração bilateral e instituir, numa primeira etapa, um espaço econômico comum no prazo máximo de dez anos e a harmonização das políticas aduaneiras, comercial, agrícola, industrial e de transportes e comunicações, assim como a coordenação de políticas monetária, fiscal e cambial. Numa segunda etapa, se procederia à harmonização gradual das demais políticas necessárias à formação do mercado comum.

1990

» **"Iniciativa para as Américas"**, lançada em junho pelo presidente George H. W. Bush para acompanhar as transformações políticas e econômicas em curso na América Latina e oferecer uma nova modalidade de relacionamento dos Estados Unidos com a região, centrado no comércio, nos investimentos e na solução do problema da dívida, e com vistas a se chegar a uma Zona de Livre-comércio Hemisférica, estendendo-se do Alasca à Terra do Fogo.

» **"Ata de Buenos Aires"**, assinada em 6 de julho, pela qual os presidentes da Argentina e do Brasil decidem conformar o mercado comum bilateral até 31 de dezembro de 1994, estabelecem uma metodologia apropriada para tal fim (rebaixas tarifárias generalizadas, lineares e automáticas, eliminação de barreiras não tarifárias) e criam o Grupo Mercado Comum, de caráter binacional (que já tinha sido estabelecido no Tratado de Integração bilateral de 1988, cujo prazo para a criação de um mercado comum bilateral era de dez anos).

» **Acordo de Complementação Econômica n. 14** (Aladi), firmado em dezembro pela Argentina e Brasil, consolidando o programa de liberalização comercial concertado no Tratado de Integração, nos prazos definidos pela Ata de Buenos Aires (até 31 de dezembro de 1990), dando início a um processo de consultas e negociações com outros países da região com vistas à ampliação do processo de liberalização comercial entre o Brasil e a Argentina.

» O Uruguai e o Paraguai, na qualidade de observadores, começam a participar de reuniões entre Brasil e Argentina. O Chile, que também tinha solicitado consultas sobre o novo aprofundamento da liberalização do comércio no Cone Sul, decide não participar dos acertos em curso em virtude da incompatibilidade de sua estrutura tarifária linear e uniforme (então fixada numa tarifa única de 11%, mas decrescente) com aquela pretendida por Brasil e Argentina e pelos futuros dois outros membros do Mercosul.

1991

» Assinatura, em 26 de março, do **Tratado de Assunção** visando à constituição de um mercado comum entre Argentina, Brasil, Paraguai e Uruguai; definido um programa de liberalização comercial de todo o universo alfandegário num período de transição até 31 de dezembro de 1994. São adotados os mecanismos de caráter intergovernamental já fixados no programa bilateral Brasil-Argentina: Conselho, órgão supremo, de natureza intergovernamental; Grupo Mercado Comum, órgão executivo, coordenando as atividades de 11 Subgrupos de trabalho; Comissão Parlamentar Conjunta, com representantes designados por cada parlamento nacional; são estabelecidos os objetivos de instituição de uma tarifa externa comum, coordenação das políticas macroeconômicas e setoriais e harmonização das legislações dos Estados membros; entretanto, o Mercosul não cria um direito comunitário e privilegia o "modelo Benelux", de caráter intergovernamental, de preferência a um sistema de tipo supranacional como o europeu.

Fim do socialismo, impulsos na globalização e na regionalização

1979-1980

» Na Grã-Bretanha, com Margareth Thatcher, e nos Estados Unidos, com Ronald Reagan, têm início os processos de revisão das políticas ultra-keynesianas aplicadas durante todo o pós-guerra, e que entraram em crise na década anterior. O movimento de reformas nesses países (privatizações, desregulação, políticas pró-mercado) se prolonga no plano internacional, com tendências à liberalização do ambiente econômico e confrontação dos regimes socialistas da linha soviética.

1982

» Com a segunda crise do petróleo e o aumento dos juros nos Estados Unidos, em 1979, os países da América Latina se encontram impossibilitados de cobrir suas obrigações e são obrigados a renegociar os termos dos contratos de endividamento em juros flutuantes feitos na época de abundância de petrodólares. A crise das dívidas externas, notadamente no México e no Brasil, se estende durante praticamente toda a década, chamada de "perdida". Ao lado da aceleração da inflação, começa um período de reformas nas políticas econômicas nacionais que, iniciada no México e no Chile, estende-se depois para a Argentina e para o Brasil, corrigindo as tendências substitutivas e protecionistas das políticas anteriores, levando os países da região a se abrirem economicamente e promovendo processos de liberalização comercial.

1986

» Ato Único Europeu, pelo qual os países-membros (em número de 12 até então) estabelecem uma lista de obstáculos remanescente à conformação de um mercado verdadeiramente unificado e se comprometem a removê-los até o final de 1992. Depois de uma longa fase de "euroceticismo", o processo de integração é relançado com vigor redobrado e mecanismos explícitos para a formação do mercado único. A ameaça da constituição de uma "fortaleza Europeia" leva outros países a também considerarem a conformação de blocos comerciais, como ocorre entre os Estados Unidos e o Canadá, e entre o Brasil e a Argentina.

1989-1991

» **Queda do muro de Berlim**, fragmentação do bloco socialista, substituição dos regimes de partido único na Europa central e oriental, implosão da União Soviética e derrocada econômica e política do comunismo colocam um final na era da Guerra Fria e dão início a uma terceira onda de globalização e notável impulso na constituição de blocos regionais de comércio. A China, formalmente comunista, já tinha dado início a seu processo de reformas uma década antes, e opera uma transição controlada ao capitalismo, movimento bem mais caótico na Rússia. A OCDE e as instituições multilaterais criam mecanismos para facilitar a transição, e a UE se prepara para uma nova onda de pedidos de adesão.

1990

» **A unificação das duas Alemanhas**, na verdade a absorção da República Democrática Alemã (RDA) pela República Federal da Alemanha (RFA), e, mais tarde, a adesão progressiva ao bloco comunitário de ex-países socialistas da Europa central e oriental, anteriormente na órbita da desaparecida União Soviética, aumentam e deslocam para leste o território das Comunidades Europeias, trazendo o centro geopolítico do processo europeu para mais perto de Berlim (que se converte, novamente, em capital da "grande Alemanha") do que de Paris. O duo França-Alemanha, que sempre conduziu o processo de integração, se converte, pouco a pouco, em uma parceria fortemente dominada pela preeminência alemã.

1991

» "Acordo relativo a um **Conselho sobre Comércio e Investimentos**" entre os quatro países do Mercosul e os Estados Unidos (junho). O Conselho reuniu-se algumas vezes entre 1991 e 1993 (correspondendo à fase final da Rodada Uruguai) e depois cessou de ser convocado até 2001, quando foi reativado em função do interesse do governo norte-americano em fazer avançar o debate sobre a formação da Área de Livre-comércio das Américas. Tampouco produziu resultados significativos e foi abandonado como tantos outros projetos e esquemas de cooperação sem real sustentação política das partes.

» Início da construção de um sistema de solução de controvérsias no Mercosul, por meio do **Protocolo de Brasília**, com o qual se criou um mecanismo *ad hoc* de solução arbitral dos conflitos comerciais entre os países-membros; Regulamento Interno do Grupo Mercado Comum (GMC); criação das reuniões em nível ministerial e reuniões especializadas; delegação ao GMC das faculdades para aprovar os programas da cooperação técnica internacional de apoio ao Mercosul.

1991-94

» **O Mercosul cria órgãos subsidiários e reuniões de ministros**, entre elas a de ministros da Economia e presidentes de Bancos Centrais (anterior à própria vigência do Tratado de Assunção), da Educação (Plano Trienal para o Setor), da Justiça, do Trabalho, da Agricultura; cria ainda diversas reuniões especializadas (meio ambiente, cultura, ciência e tecnologia, turismo etc.); os países-membros passam a coordenar suas posições nos foros econômico-comerciais internacionais e o GMC define critérios comuns para a negociação de acordos parciais de comércio no âmbito da Aladi.

1992

» Acordo de cooperação interinstitucional entre a Comissão das Comunidades Europeias e as instituições do Mercosul pelo qual se formaliza o diálogo e a cooperação técnica entre as duas regiões. "Cronograma de las Leñas", extenso programa de medidas para o cumprimento dos compromissos fixados no Tratado de Assunção, isto é, a conformação do "Mercosul" até 31 de dezembro de 1994. O GMC fica encarregado de adotar um cronograma de medidas adicionais para o pleno funcionamento do Mercosul em 1º de janeiro de 1995 (os prazos serão prorrogados no decurso dos trabalhos); adoção de critérios comuns para as negociações com outros países-membros da Aladi.

1993

» O Acordo de cooperação interinstitucional entre a Comissão das Comunidades Europeias e as instituições do Mercosul é formalizado como um diálogo entre os chanceleres das duas regiões; Resolução (7/1993) cria, no âmbito do GMC, o Grupo *ad hoc* sobre Aspectos Institucionais, encarregado de formular propostas sobre a futura arquitetura jurídica do Mercosul (artigo 18 do Tratado).

» Ratificação do Acordo de Comércio da América do Norte (Nafta) pelos poderes legislativos dos três países; assinatura posterior de dois acordos paralelos ao Nafta: o Acordo Norte-Americano de Cooperação sobre o Trabalho e o Acordo Norte-Americano de Cooperação sobre o Meio Ambiente, devido aos esforços do governo dos Estados Unidos, pressionado pelos movimentos ambientalistas e sindicais do país. Em outubro, durante a VII Reunião dos Presidentes do Grupo do Rio, realizada em Santiago, Chile, o presidente do Brasil (Itamar Franco) lança a ideia de formação de uma Área de Livre-comércio Sul-Americana (Alcsa) que incluiria os países do Mercosul, do Grupo Andino (transformado em Comunidade Andina-CAN, em 1996) e o Chile.

1993-1994

» Conclusão em dezembro, e assinatura em abril, das negociações dos acordos multilaterais da Rodada Uruguai, criando a OMC. Os blocos comerciais, objeto de atento exame e de novo acordo sobre o Artigo 24 do Gatt, passam a ser monitorados por meio de grupos de trabalho no âmbito do Comitê de Comércio e Desenvolvimento.

1993-94

» Negociação da Tarifa Externa Comum (TEC) no Mercosul: diferenças de estrutura e de níveis de desenvolvimento industrial entre o Brasil e os demais parceiros resultam na aceitação, durante uma "fase de convergência" (até 2001-2006), de listas nacionais de exclusão (para bens informáticos e de capital, por exemplo). Os países-membros também decidem harmonizar os incentivos às exportações, respeitando disposições do Gatt.

Desenvolvimentos da integração nas Américas

1994

- O Nafta e seus dois acordos paralelos entram em vigor em 1º de janeiro; no Mercosul é assinado o Protocolo de Colônia o qual prevê garantias mínimas para os investimentos realizados dentro do bloco por investidores do Mercosul. No decorrer do ano são assinados diversos outros acordos: Protocolo de Buenos Aires sobre Jurisdição Internacional em Matéria Contratual no Mercosul; Regime de Adequação final à União Aduaneira; regulamento correspondente ao Regime de Origem; projeto de Tarifa Externa Comum; Protocolo sobre Promoção Recíproca de Investimentos entre o Mercosul e Estados não membros. É criada a Comissão de Comércio do Mercosul (CCM), de caráter intergovernamental, destinada a administrar a futura união aduaneira.
- Cúpula das Américas, de 9 a 11 de dezembro, em Miami: a declaração final dos chefes de Estado proclama o objetivo de negociar uma Área de Livre-comércio Hemisférica até 2005. A OEA, a Cepal e o BID atuam como suporte técnico e apoio de secretaria. Crise monetária mexicana nesse mesmo mês de dezembro abala o Nafta e provoca repercussões na região.
- No Mercosul, em dezembro, é assinado o "Protocolo de Ouro Preto", que modifica parcialmente o Tratado de Assunção e dá personalidade jurídica internacional ao Mercosul: Tarifa Externa Comum (TEC); projeto de Código Aduaneiro, cuja aplicação é delongada indefinidamente; determinação das condições do regime de origem; normas de aplicação sobre despacho aduaneiro e sobre valoração aduaneira de mercadorias; pautas básicas de defesa da concorrência; protocolo de medidas cautelares; Acordo de Transporte Multimodal; princípios de Supervisão Bancária Global Consolidada; na ocasião, são aprovadas listas nacionais de produtos em regime de adequação final à união aduaneira (com prazos adicionais para sua integração à TEC até 2001 ou 2006, segundo os casos); criação do comitê técnico encarregado de definir, antes de dezembro de 1997, o regime comum para o setor automotivo (jamais aprovado em caráter permanente).

1995

- Sem que o Protocolo de Ouro Preto retire o objetivo do mercado comum, entra em vigor, em 1º de janeiro, a União Aduaneira do Mercosul, formalmente em implementação desde então (mas de fato contendo inúmeras exceções e objeto de vários retrocessos). A Bolívia e o Chile começam a negociar sua associação ao Mercosul.

» Encontro entre os ministros das Relações Exteriores do Mercosul e da UE, em março, reafirma o objetivo de se chegar a um amplo espaço de cooperação e de integração unindo ambas as entidades; em dezembro, é firmado o Acordo-Quadro de cooperação inter-regional entre a UE e o Mercosul, em Madri: a liberalização comercial "deverá levar em conta a sensibilidade de certos produtos" (referência à Política Agrícola Comum) e as regras da OMC.

» No âmbito da Alca, na primeira reunião ministerial do processo de integração hemisférico em Denver, no mês de junho, são constituídos sete grupos de trabalho para preparar o início das negociações, "equilibradas e abrangentes" (a serem teoricamente concluídas até 2005). Como queria o Mercosul, o processo deveria ocorrer "sobre a base dos acordos sub-regionais existentes e de forma plenamente compatível com as obrigações postuladas pela OMC"; em março do ano seguinte, na II Reunião Ministerial da Alca, realizada em Cartagena, Colômbia, quatro grupos adicionais de trabalho são constituídos e é proclamado o objetivo de "progressos concretos" até o final do século.

1996

» O Congresso dos Estados Unidos nega a autorização, chamada *fast track*, para o Executivo negociar o ingresso do Chile no Nafta, o que leva esse país a se aproximar mais do Mercosul. Em meados do ano, é concluído um Acordo de Complementação econômica entre Mercosul e Chile. No plano político, é assinada a Declaração Presidencial sobre Compromisso Democrático no Mercosul, pela qual os quatro países assumem o compromisso de consultarem-se e de aplicarem medidas punitivas, dentro do espaço normativo do bloco, em caso de ruptura ou ameaça de ruptura da ordem democrática em algum Estado membro. Os presidentes assinam também uma declaração sobre diálogo político, estabelecendo um mecanismo de consulta e de concertação política mútua. A Bolívia também concretiza um acordo de associação ao Mercosul.

1997

- A III Reunião Ministerial da Alca, realizada em Belo Horizonte, em maio, cria um Grupo de Trabalho sobre Solução de Controvérsias, mas não logrou definir o formato, cronograma e organização das negociações; o Congresso dos Estados Unidos nega o *fast track* ao Executivo que, assim, não tem "autoridade" para negociar com os 33 outros países.
- Começa uma série de crises monetárias e cambiais em países asiáticos e que ameaça precipitar o mundo em depressão, com sua propagação para a América Latina e a Rússia, que decreta moratória no ano seguinte, com impacto no Brasil.
- Acordo-Quadro sobre serviços no Mercosul ("Protocolo de Montevidéu"): liberalização progressiva dos serviços inter-regionais no prazo de dez anos, dependente da negociação de protocolos setoriais para a liberalização de setores específicos; a cúpula presidencial do Mercosul formaliza a decisão de Argentina e Brasil de aumentar em três pontos percentuais a Tarifa Externa Comum.

1998

- Difíceis negociações para a definição de um regime automotivo comum entre os países do Mercosul e para a liberalização do setor açucareiro: este é protegido na Argentina, que por sua vez acusa o Brasil de subsidiá-lo.
- IV Reunião ministerial do processo de integração hemisférica, em março, em San José, Costa Rica, com definição do formato, da agenda negociadora e dos locais e presidências sucessivas do processo de negociação (Comitê e nove grupos de negociação), tendo como base os princípios da transparência, da participação e da decisão consensual. Os nove grupos de negociação são os seguintes: Acesso a Mercados; Agricultura; Serviços; Investimentos; Subsídios, Antidumping e Medidas Compensatórias; Políticas de Concorrência; Compras Governamentais; Direitos de Propriedade Intelectual; e Solução de Controvérsias.
- II Cúpula das Américas em abril, em Santiago do Chile, com Declaração Política dos Presidentes e Plano de Ação, cujos principais temas são a educação, o livre-comércio, a democracia, os direitos humanos e a erradicação da pobreza.
- É firmado o protocolo relativo ao compromisso democrático no Mercosul, na Bolívia e no Chile (Ushuaia), que será complementado, e

aceito por outros países (Peru e Venezuela, por exemplo), em 2011, mediante novo protocolo complementar (Ushuaia II); declaração Política do Mercosul, da Bolívia e do Chile como zona de paz; Plano de Cooperação e Assistência Recíproca para a Segurança Regional; Cuba é aceita como o 12º país membro da Aladi, depois de ter participado de seus trabalhos, como observador, desde 1986.

Multiplicação, expansão e dispersão dos experimentos integracionistas

1999

» Adoção do euro, em 1º de janeiro, como moeda única de 11 dos 15 membros da UE (Alemanha, Áustria, Bélgica, Espanha, França, Finlândia, Irlanda, Países Baixos, Itália, Luxemburgo e Portugal), consagrando uma união monetária que funcionou em bases puramente escriturais, até o lançamento da moeda física, em janeiro de 2002. O Banco Central Europeu passa a determinar a política monetária dos países-membros da união. Alguns dos países admitidos politicamente na união monetária (Itália e Bélgica, por exemplo) não cumpriam todos os requisitos (em especial déficit orçamentário e dívida pública) estabelecidos no compromisso de Maastricht. A Grécia, também não alinhada aos critérios, ingressou na união monetária em 2001.

» A desvalorização do real e a introdução do regime de flutuação cambial, em janeiro, dão início à crise política entre o Brasil e a Argentina, que afetou o Mercosul. Medidas protecionistas começam a ser adotadas pelo setor privado e pelo governo da Argentina contra produtos brasileiros (têxteis, avícolas, siderúrgicos, calçados, papel, reforço de barreiras ditas sanitárias; mais tarde se estendem a outros setores). O Brasil faz apelo ao mecanismo de solução de controvérsias do Mercosul e ameaça levar contenciosos à apreciação da OMC. O presidente argentino Menem ameaça recorrer à dolarização unilateral e pede uma moeda comum para o Mercosul. O Brasil concorda em discutir harmonização setorial como condição prévia à coordenação, no médio prazo.

» Preparativos para uma nova rodada de negociações comerciais, multilaterais globais dentro dos marcos da OMC, para ser lançada em Seattle, nos Estados Unidos, em novembro e a primeira a ser realizada no âmbito da OMC. Essa rodada deveria levar em conta os mandatos da Rodada

Uruguai, mas termina em fracasso devido a posições rígidas, da parte dos Estados Unidos, em matéria de antidumping e das cláusulas social e ambiental, assim como da parte de outros países, em outros itens da agenda, de interesse da UE e dos países em desenvolvimento.

» Realização, no Rio de Janeiro no final de junho, da primeira Conferência de Cúpula entre os Chefes de Estado e de Governo da América Latina, do Caribe e da UE, com vistas a estreitar os laços de cooperação e de integração econômica entre as duas regiões. Na declaração final, assinada no dia 29 de junho, os chefes de Estado e de Governo se comprometeram em avançar na consolidação de uma parceria estratégica de caráter político, econômico e sociocultural entre as duas regiões.

2000

» O Conselho Europeu adota, na reunião de março, a "Estratégia de Lisboa", vasto conjunto de objetivos grandiosos, definidos por tecnocratas, destinado a fazer da Europa, em 2010, a "economia do conhecimento mais dinâmica e a mais competitiva do mundo". Em 2013, em função de seu menor crescimento de produtividade, a Europa continuava atrás dos Estados Unidos em quase todas as tecnologias ligadas à economia do conhecimento e, em algumas, várias décadas atrás.

» Mercosul em crise: em outubro, copiando apenas formalmente o modelo de Maastricht, é anunciado um acordo sobre metas de convergência macroeconômica a partir de 2002, com fase de transição em 2001. As metas deveriam incidir sobre os seguintes elementos: variação da dívida fiscal líquida do setor público (3% do PIB, para todos os países; no período de adequação, 2002-2003, a variação não poderia exceder 3,5% do PIB); dívida líquida do setor público (limite máximo indicativo comum para todos os países de 40% do PIB, a partir de 2010); inflação (índice máximo para o período de adequação, 2002-2005, de 5%; a partir de 2006, o valor máximo seria de 4% ao ano, com tendência do "núcleo inflacionário" não superior a 3% ao ano.). Foram estabelecidos procedimentos para a correção de desvios em relação a essas metas.

» Assinado um acordo-quadro para a criação de uma zona de livre-comércio entre o Mercosul e a República da África do Sul, concretizado em 2004, na verdade, um esquema de conformação de uma simples área de preferências tarifárias entre as duas partes, com escopo limitado e número reduzido de setores cobertos pelo acordo. Como diversos outros acordos do Mercosul [(entre eles os firmados com a Índia, o Egito, o Marrocos (2004), com o Conselho de Cooperação dos Estados Árabes do Golfo ou mesmo Israel (2005)] o impacto sobre o comércio recíproco pode ser considerado marginal.

2001

» Participação, como convidado, do presidente Hugo Chávez, da Venezuela, na XX reunião presidencial do Mercosul: anunciou sua decisão de fazer a Venezuela, ainda membro da Comunidade Andina de Nações, ingressar, individualmente, como novo membro associado do Mercosul. O aprofundamento da crise na Argentina e novas medidas adotadas unilateralmente atuam no sentido de esvaziar o Mercosul. O Brasil reclama contra a aplicação de salvaguardas unilaterais, não obtém satisfação das autoridades argentinas e dá início a processo de consultas no âmbito da OMC com vistas a contestar medidas introduzidas pela Argentina para bloquear seu acesso em alguns mercados setoriais.

» Brasil e Argentina negociam novos acordos de sustentação financeira com o FMI, e o Brasil consegue um novo acordo *stand-by* com suporte adicional de US$ 15 bilhões até o final de 2002. A Argentina também obtém apoio adicional de US$ 8 bilhões (por um total de US$ 22 bilhões), mas a situação se agrava com o desmoronamento da confiança na sustentação da lei de conversibilidade introduzida em 1991. No final do ano, o presidente Fernando De la Rúa, da Argentina, deixa de comparecer à reunião do Conselho do Mercosul, em Montevidéu, devido ao agravamento da crise econômica e política em seu país, renunciando pouco depois. A reunião é suspensa e se decide convocar uma nova reunião na Argentina no início de 2002, tão pronto sejam adotadas as providências nesse sentido pelo novo governo argentino.

» Realização de reunião ministerial da Alca, em Buenos Aires e da III Cúpula das Américas em Québec, no Canadá, ambas em abril. Definido um calendário para as duas últimas etapas do processo negociador, a serem conduzidas, respectivamente, pelo Equador, até outubro de 2002, e a partir de então, até o final, pelo Brasil e pelos Estados Unidos, conjuntamente.

» Conclusão exitosa da conferência ministerial da OMC em Doha, com o lançamento de novo processo negociador para a liberalização de mercados e adoção de novas normas em matéria comercial. A Câmara de Representantes dos Estados Unidos adota versão restritiva de mandato negociador para o Executivo (*fast-track*, ou *Trade Promotion Authority*), que recebe críticas no Brasil e em outros países.

2001-2002

» A crise política na Argentina termina antecipadamente com o mandato presidencial e desemboca na designação de diversos presidentes pelo Congresso. É anunciado o fim do regime de paridade fixa estabelecida na lei de conversibilidade de 1991. Pouco depois, a Argentina declara moratória unilateral sobre a totalidade de sua dívida externa, e impõe pesadas perdas aos credores privados.

2002

» Entrou em vigor efetivamente a união monetária europeia, em 1º de janeiro, com a introdução dos bilhetes da moeda única para 12 países; as moedas nacionais seriam recolhidas até fevereiro, depois disso perderiam valor legal.

» Com a entrada em vigor da zona monetária unificada na UE, os países-membros do Mercosul voltam a debater a coordenação de políticas macroeconômicas e a eventual adoção de uma moeda única, a partir do fim da conversibilidade na Argentina. O exercício é meramente retórico, em face da ausência completa de condições para esse tipo de medida. O processo de convergência das últimas exceções à TEC do Mercosul sequer foi levado adiante, em função de desvios de todos os membros e de salvaguardas argentinas contra exportações brasileiras. No plano do sistema de solução de controvérsias, é firmado o Protocolo de Olivos, que criou um Tribunal Permanente de Revisão, aperfeiçoando os mecanismos previstos no Protocolo de Brasília (1991).

2002-2003

» A vitória nas eleições brasileiras e a posse de Lula na presidência do Brasil imprimem mudanças significativas ao Mercosul, se não em seus mecanismos formais, de fato nas principais ênfases e orientações, que deixam de ser comerciais, ou essencialmente econômicas, e passam a privilegiar mais os aspectos políticos ou elementos sociais, observando-se, inclusive, certo retrocesso na interdependência econômica e na liberalização comercial entre os países-membros. Os impulsos para a ampliação do Mercosul na América do Sul passam a ser feitos em detrimento do cumprimento de seus requisitos formais de zona de livre-comércio e de união aduaneira, ocorrendo, a partir daí, o aumento da inadimplência em relação aos dispositivos principais que definiam o bloco como um projeto de mercado comum.

2002-2005

» Brasil e Estados Unidos exercem a copresidência das negociações, entre novembro de 2002 e janeiro de 2005, na fase final e decisiva do processo de discussão da Alca. As negociações deveriam ser concluídas, o mais tardar, em janeiro de 2005, para que a Alca pudesse entrar em vigor ainda em dezembro daquele ano, mas todo o exercício recebe forte oposição do Brasil, da Argentina e da Venezuela, que se orgulham de ter implodido o processo na cúpula de Mar del Plata, em novembro desse ano. Um acordo em torno de uma Alca, mesmo num formato flexível e incompleto, encontrava, de todo modo, fortes resistências no Congresso norte-americano, assim como no Brasil, que não considerava possível lograr resultados verdadeiramente equilibrados sobre acesso aos mercados americanos para seus produtos competitivos (em setores como açúcar, siderúrgicos e produtos agrícolas) e no que se refere a normas sobre subsídios e barreiras não tarifárias.

2003

» Argentina e Brasil firmam o "Consenso de Buenos Aires", supostamente em oposição ao Consenso de Washington, aberto à assinatura de todos os demais países da região. Nenhum país se dispôs a aderir a um instrumento vago, declaradamente em favor de objetivos sociais e de desenvolvimento, em oposição ao que seria uma visão comercialista da integração, mas sem qualquer mecanismo de implementação ou dispositivos claros para cumprir com os objetivos do Tratado de Assunção, nos pontos em que ele permanece carente de concretização: uma zona de livre-comércio completa e uma união aduaneira funcional; tampouco se fala da coordenação de políticas macroeconômicas entre os dois países ou da convergência entre suas políticas sociais.

» Criada a Comissão de Representantes Permanentes do Mercosul (CRPM), reestruturada em 2010 e autorizada a contratar funcionários para seu funcionamento regular; a CPRM tem por função assegurar a melhor coordenação de atividades entre os países-membros e a Secretaria do Mercosul, com sede em Montevidéu.

2004

» Ingresso na UE de dez novos membros efetivos: Chipre, Eslováquia, Eslovênia, Estônia, Hungria, Letônia, Lituânia, Malta, Polônia, República Tcheca. Dois novos membros ingressam em 2005: Bulgária e Romênia, ao mesmo tempo que a Comissão assegura à Turquia que sua demanda de adesão começará a ser examinada simultaneamente. Diversos membros, entre os quais França e Alemanha, se opõem ao ingresso da Turquia.

» A despeito de promessas retóricas de aprofundamento da integração, os países do Mercosul não fazem nenhum avanço nos capítulos econômico e comercial do processo, ocorrendo, ao contrário, o recrudescimento de medidas de salvaguardas, ilegais e abusivas, da Argentina, contra produtos brasileiros, com aplicação cada vez mais ampla de defesa comercial e outras medidas unilaterais de contenção do comércio bilateral, em clara violação das normas do Mercosul. O governo brasileiro aceita passivamente essas restrições e até se dispõe a acatar um mecanismo automático de "correção dos desequilíbrios" no plano bilateral, que os argentinos pretenderiam fazer acionar a pretexto de déficits acumulados ou defasagem cambial, mesmo sob protesto de seus empresários exportadores.

» Criação, sob proposta brasileira, da Comunidade Sul-Americana de Nações, que deveria ser um instrumento de coordenação política entre os países da região. A despeito dos esforços do Brasil, nenhum outro membro do Mercosul comparece à reunião constitutiva, realizada em dezembro, em Cuzco, no Peru.

2005

» O presidente Hugo Chávez, da Venezuela, anuncia sua intenção de fazer o país ingressar no Mercosul, mesmo na condição de membro da Comunidade Andina de Nações (CAN). Depois que Peru e Colômbia, outros dois membros da CAN, anunciam a conclusão de acordos de livre-comércio com os Estados Unidos, a Venezuela decide retirar-se dessa comunidade e iniciar negociações para ingressar no Mercosul como membro pleno.

- As populações da França e dos Países Baixos, por meio de referendo, negam adesão ao tratado sobre a Constituição europeia. A Constituição europeia, em seu formato original, será abandonada, por ser muito extensa e complexa, adotando-se, em seu lugar, em 2007, um texto mais reduzido (tratado de Lisboa), tratando essencialmente do funcionamento da União.
- Apresentada desde 2001 por seu principal promotor, o presidente Hugo Chávez, da Venezuela, como uma alternativa ao projeto americano da Alca, em abril é firmado, entre a Venezuela, Cuba e Bolívia, o "tratado de comércio dos povos", ou **Alianza Bolivariana para los Pueblos de Nuestra América** (Alba), uma iniciativa puramente política, com algum comércio administrado entre companhias estatais de países com vocação socialista, ou estatizante. A Nicarágua, Dominica, Equador, Antígua e Barbuda, São Vincente e Granadinas, assim como Honduras (que o denunciará depois) se associam ao tratado, em grande medida para se beneficiarem dos favores e dos petrodólares de Hugo Chávez. Honduras abandona o bloco em 2010, depois da crise política de 2009-2010, originada a partir da remoção forçada do presidente Manuel Zelaya. Ao mesmo tempo, o presidente Hugo Chávez proclama novamente sua intenção de aderir ao Mercosul, mas com a condição de poder mudar suas disposições principais, uma vez que ele não pretendia o livre-comércio, ou seja, um "Mercosul capitalista" e sim um "Mercosul socialista".
- Criação, por tratado, do Parlamento do Mercosul, que entra em vigor em 2007, com representação paritária de 18 representantes de cada um dos quatro países-membros, perfazendo um total de 90 parlamentares eleitos indiretamente. A eleição direta e a proporcionalidade da representação constituíram dois temas que paralisaram os trabalhos durante algum tempo, até arranjos não exatamente equilibrados ou estáveis nesses dois aspectos. Sem reais funções legislativas, o Parlamento atua meramente como órgão consultivo e deliberativo. O Brasil não conseguiu organizar eleições diretas para designar seus representantes em 2010, como previsto.

2006

- À margem do Mercosul e por um protocolo adicional ao acordo bilateral de complementação econômica da Aladi (ACE-14), Brasil e Argentina firmam o Mecanismo de Adaptação Competitiva (MAC), que deveria trazer "equilíbrio às trocas recíprocas", mas era destinado, na verdade, a proteger setores industriais incapazes de sobreviver num ambiente de livre-comércio, ameaçando "causar dano importante à indústria doméstica", um conceito que sequer deveria existir se o Mercosul fosse uma união aduaneira verdadeira; ou seja, o mecanismo legaliza, de certo modo, as salvaguardas ilegais dos argentinos contra produtos brasileiros, que contradizem não apenas o espírito e a letra do Tratado de Assunção, mas igualmente os dispositivos do sistema multilateral de comércio. Reações de setores empresariais impediram que o governo brasileiro aceitasse as primeiras versões desse mecanismo, que davam total liberdade aos argentinos para adotar as restrições abusivas ao comércio no bloco. Independentemente da não aplicação regulamentar desse protocolo, as violações argentinas às normas do Mercosul prosseguiram e mesmo se intensificaram em todo o período.

» Sob proposta apresentada pelo Brasil desde 2004, entra em funcionamento o Fundo de Convergência Estrutural do Mercosul (Focem), destinado alegadamente a "corrigir assimetrias" e propiciar o desenvolvimento equilibrado dos países-membros. Dotado inicialmente de US$ 100 milhões (dos quais 70% fornecidos pelo Brasil, que aumentou, significativamente, seus aportes nos anos seguintes), o Fundo faz contribuições não reembolsáveis para projetos nos países-membros, com ênfase nas aplicações nos dois sócios menores. A despeito das disposições generosas do mecanismo, é duvidoso que, com recursos limitados em relação ao PIB dos países, o Focem consiga reduzir assimetrias estruturais ou contribuir decisivamente para seu desenvolvimento econômico, inclusive porque reproduz, sem o mesmo rigor técnico e a qualidade dos projetos, mecanismos já existentes em outros foros e instituições regionais, hemisféricas ou multilaterais de assistência ao desenvolvimento; outros objetivos, também dificilmente cumpridos, são o reforço institucional e a melhor coordenação política entre os países-membros.

» Protocolo de adesão da Venezuela ao Mercosul, que passa a ser designada sob o estatuto de "membro pleno em processo de adesão", uma figura não prevista nos instrumentos jurídicos do bloco. Durante vários anos, os Parlamentos nacionais realizam debates sobre a oportunidade e a adequação do ingresso da Venezuela, em vista de suas duvidosas credenciais democráticas e da ausência completa de internalização das normas comerciais mais elementares do Mercosul. Em 2009, depois da Argentina e do Uruguai, o Congresso brasileiro assentiu, sob intenso debate público, essa adesão, mas em 2012 o Parlamento do Paraguai se pronunciou negativamente sobre o tema, depois que o país foi suspenso do Mercosul. Pelo Protocolo de adesão, a Venezuela tinha quatro anos para a incorporação da normativa do Mercosul, ou seja, até

2010. Brasil e Argentina se comprometeram a implementar o livre-comércio em favor da Venezuela em 2010, e esta deveria fazê-lo até 1º de janeiro de 2012 em direção aos dois sócios maiores. Esses passos não tinham sido concretizados até o início de 2013.

2007

- Adesão da Romênia e da Bulgária à UE, e da Eslovênia à união monetária. Em 2008, é a vez de Chipre e Malta adotarem o euro, que passa a ser a moeda única de 15 dos 27 membros da União.
- Criação do Instituto Social do Mercosul, supostamente para realizar a inclusão social e reduzir a pobreza nos países-membros do bloco e dos associados, bem como para atingir as "metas do Milênio" da ONU (sem que se definam mecanismos próprios para que esses objetivos se realizem em escala integracionista); com sede em Assunção, o Instituto começou por contratar funcionários, e dois terços do seu orçamento são comprometidos com o pagamento do seu próprio pessoal.

2008

- A população irlandesa, também consultada por referendo sobre o tratado de Lisboa, rejeitou o novo instrumento, que ainda assim entrou em vigor em janeiro de 2009. A população irlandesa se pronunciaria novamente em 2009, aprovando-o por maioria expressiva, ao mesmo tempo que o país vivia séria crise financeira e bancária, em decorrência das turbulências nascidas nos Estados Unidos.

2009

- Entrada da Eslovênia na zona do euro, seguida, no ano seguinte pela Letônia. Esse ingresso foi concretizado em 2011, quando a zona do euro passou a experimentar forte crise, a partir das inadimplências grega e portuguesa, notadamente, em função de dívidas públicas excessivas.
- Com base em proposta anterior da Reunião das Altas Autoridades Competentes em Direitos Humanos e Chancelarias do Mercosul e Estados Associados, entra em vigor o Instituto de Políticas Públicas de Direitos Humanos do Mercosul, com sede em Buenos Aires. Como o Instituto Social, o novo órgão começa tratando da política de pessoal (contratação e remuneração).

2009-2011

» Com base em resolução do Conselho do Mercosul, os países-membros se dispõem a efetuar o reconhecimento mútuo de títulos de pós-graduação *stricto sensu*, mestrado e doutorado, obtidos nos Estados Partes, segundo disposições nacionais que serão implementadas gradualmente, mas que não impedem o exercício de atividades de pesquisa e docência em outro país membro nem o reconhecimento da titularidade de graus universitários.

2010

» Decisão do Conselho do Mercosul resolve criar o cargo de Alto Representante-Geral do bloco como órgão do próprio Conselho, a ser ocupado, segundo os termos, por personalidade política destacada, natural de um dos Estados Partes, com reconhecida experiência em temas de integração, para exercer um mandato de três anos, renovável uma vez. Suas atribuições incluem enorme gama de assuntos, como "identidade cultural" e "processos eleitorais" no Mercosul, mas poucos, ou nenhum tema efetivamente econômico ou comercial, embora possa empreender atividades de "promoção comercial" ou informação para "atração de investimentos". O primeiro Alto Representante foi indicado na pessoa de um ex-diplomata brasileiro, e o Brasil assumiu todas as despesas do cargo durante o período inicial de funcionamento. Da mesma maneira que os demais órgãos, o cargo vem acompanhado da contratação de novos funcionários, por concurso, inclusive para uma "Unidade de Participação Social", sendo que o Alto Representante está autorizado a realizar suas próprias despesas, segundo um orçamento no qual o Brasil participa com 50%.

» Com base em estudos e reuniões preparatórias que vinham se desenvolvendo desde 2007-2008, o Brasil patrocina a criação da Universidade Federal da Integração Latino-Americana (Unila), com sede provisória nos locais da Itaipu Binacional, em Foz do Iguaçu, para servir de instrumento de integração educacional sul-americana.

2011

» Constituído grupo de trabalho *ad hoc* para tratar da incorporação do Equador ao Mercosul como membro pleno; a Venezuela, considerada "membro pleno em processo de adesão", ainda não tinha conseguido cumprir os requisitos necessários à incorporação da normativa econômica e comercial do Mercosul à sua própria legislação interna; seu status permaneceu indefinido.

» Em meio ao recrudescimento da crise europeia, os países do Mercosul, sob proposta do Brasil, decidem reforçar as medidas protecionistas, começando pela autorização para elevar as tarifas de importação em duas centenas de itens, a critério dos países, até o nível da alíquota máxima consolidada pelo Mercosul no Gatt (35%), embora diversos itens das pautas nacionais exibam tarifas temporárias até maiores. O grau de divergência na aplicação da TEC pelos países atinge proporções significativas e boa parte do comércio extrarregional se faz inteiramente à margem da TEC. O mecanismo é chamado de "elevação temporária da TEC", quando na verdade os países decidem como utilizar sua "quota" de 200 posições tarifárias por um período de 12 meses, renováveis, em todo caso, até 2014. Não é improvável que os países adotem outras medidas, nacionais, uma vez que o princípio das "decisões automáticas" (ou seja, mediante simples comunicação via Comissão de Comércio) seja incorporado aos hábitos protecionistas do Mercosul. Em conformidade com essa intenção, a proteção da indústria de brinquedos, por exemplo, se faz a pretexto de integrar as cadeias produtivas e elevar os níveis de competitividade.

» Aprovado pelo Conselho do Mercosul um plano de ação para conformar progressivamente um Estatuto da Cidadania do bloco, comportando livre circulação de pessoas, facilidades nos mercados de trabalho, nos sistemas previdenciários e nas instituições educacionais, inclusive o exercício de direitos políticos.

» Assinatura, em dezembro, do Protocolo de Ushuaia II, sobre compromisso democrático no Mercosul (com a participação de todos os países associados), contendo disposições mais severas (inclusive prevendo um bloqueio de caráter econômico, entre outras sanções) do que o protocolo anterior, em relação a países que possam eventualmente enfrentar a "ruptura do processo democrático". Não se define o conteúdo, ou a qualidade, da democracia, mas apenas a interrupção de mandatos constitucionais, sem adentrar no funcionamento das instituições; o Parlamento do Paraguai censura o presidente Fernando Lugo por este ter assinado o novo instrumento.

» Acordo-quadro para a constituição de uma zona de livre-comércio entre o Mercosul e a Palestina, de alcance mais simbólico do que efetivo, uma vez que grande parte do comércio passa por Israel.

2012

» Comissão do Parlamento paraguaio aprovou declaração pela qual rejeita a adesão do país ao Protocolo de Ushuaia II, considerando-o "atentatório aos interesses nacionais", segundo os legisladores. Todos os instrumentos de defesa da democracia no Mercosul foram iniciados em função de crises e de ameaças de golpes no Paraguai. Por outro lado, o Parlamento do Mercosul não se pronuncia sobre o controle dos meios de comunicação e o cerceamento de atividades de oposicionistas ao presidente Hugo Chávez na Venezuela.

» O Brasil integraliza quase a metade do orçamento da Secretaria do Mercosul, de aproximadamente US$ 1,5 milhão, ademais de proporções similares para todos os demais orçamentos dos órgãos do Mercosul criados nos últimos anos.

» A Croácia é aceita como candidata apta a integrar a UE, devendo internalizar o conjunto de normas e mecanismos comunitários. Na linha de adesão figuram ainda Macedônia, Sérvia e Islândia, sendo que o processo com a Turquia, iniciado mais cedo, continua interrompido por razões políticas (que têm a ver, em vários países, com a chamada identidade cultural e religiosa da Europa, uma vez que a Turquia, majoritariamente muçulmana, não é considerada um país europeu).

» A UE e o Mercosul continuavam tentando, em processo que vem se desenvolvendo desde 1995, negociar as bases de um acordo de associação política, prevendo a liberalização do comércio entre os dois blocos, mas dificuldades e obstáculos de variada dimensão política e de certa incidência econômica (como a sensibilidade agrícola na UE, e o protecionismo industrial no Mercosul) se interpõem à finalização do exercício, que deve continuar sem uma definição concreta pelo futuro previsível.

» Após a crise derivada de enfrentamento entre invasores de terras e forças policiais no campo paraguaio, com várias mortes, o Parlamento deste país iniciou um processo e aprovou, em tempo recorde, o impedimento do presidente Fernando Lugo, dando partida a uma crise política que repercutiu no Mercosul e na Unasul. Entre as peças acusatórias estava o Protocolo de Ushuaia II assinado pelo presidente impedido durante a cúpula de Montevidéu (dezembro de 2011). Sob estímulos do presidente Chávez, da Venezuela, a Argentina retira seu embaixador de Assunção e toma a iniciativa de afastar o novo governo paraguaio da reunião de cúpula do Mercosul, realizada em junho, em Mendoza. Invocou-se a cláusula democrática do Mercosul para que uma decisão, com três membros unicamente, fosse tomada no sentido de ser mantido o afastamento do Paraguai dos trabalhos e das reuniões do Mercosul (mas sem a aplicação de sanções) até a realização de novas eleições, em 2013, e a posse de um novo presidente. A Unasul procedeu da mesma forma. Na mesma cúpula de Mendoza, a Venezuela foi declarada admitida no Mercosul, a revelia do Parlamento paraguaio, a partir de 31 de julho, em cerimônia realizada em Brasília. O novo governo do Paraguai contestou política e juridicamente as duas medidas, classificando-as de ilegais. Novo grupo de trabalho foi constituído para seguir o monitoramento dos requerimentos de adesão da Venezuela, sendo que ela não conseguiu cumprir nenhum dos requisitos estabelecidos em 2006.

» Brasil e Argentina recrudescem em medidas protecionistas adotadas em aparente desconformidade com compromissos estabelecidos na OMC: países-membros da organização formulam diversas críticas aos procedimentos e indicam considerar possível uma reclamação formal contra medidas não conformes.

2013

» Na ausência do Paraguai, suspenso até a posse de novo governo, o Uruguai assume a presidência pro-tempore do bloco. Mesmo não tendo cumprido todos os requerimentos de sua adesão formal ao Mercosul (notadamente a incorporação plena da Tarifa Externa Comum ao seu ordenamento de política comercial, ou a ratificação dos mais importantes instrumentos fundacionais e constitutivos) a Venezuela é considerada membro pleno do bloco; ela requer dos demais membros exceções ao livre-comércio para centenas de produtos e coloca em vigor mecanismos de subsídios internos que são, em princípio, ilegais no âmbito do bloco e contrários às regras do sistema multilateral de comércio. Bolívia e Equador também cogitam ingressar no Mercosul, mas sem aderir à TEC.

» Diversos países do Mercosul, sobretudo Argentina e Brasil, elevam alíquotas tarifárias em centenas de itens, acima da Tarifa Externa Comum, até o limite consolidado no Gatt de 35%, bem como adotam outras medidas de defesa comercial ou de promoção da indústria doméstica formalmente em contradição com seus compromissos multilaterais; outros países-membros da OMC acusam-nos de protecionismo e requerem consultas a respeito.

GLOSSÁRIO

Acordo Geral de Tarifas Aduaneiras e Comércio (Gatt). Acordo multilateral de comércio, contendo a cláusula incondicional e ilimitada de nação mais favorecida (NMF), concluído em Genebra, em outubro de 1947, que entrou provisoriamente em vigor em janeiro de 1948, entre poucos países participantes, cujos artigos e disposições substantivas deveriam ser incorporados, como capítulos específicos, ao acordo de criação da Organização Internacional de Comércio, adotado na Conferência de Havana sobre Comércio e Emprego (novembro de 1947-março de 1948). Não tendo a Carta de Havana sido ratificada pelos principais signatários, nem entrado em vigor, o Gatt permaneceu "provisoriamente" vigente durante praticamente meio século, tendo sido, ao longo do período, modificado em diferentes ocasiões, criando um secretariado, por exemplo, ou incorporando uma parte IV, sobre comércio e desenvolvimento, e "funcionando" quase como uma organização (sem jamais perder seu caráter de acordo entre partes contratantes, que são territórios aduaneiros, não países-membros). Foi objeto de uma revisão mais ampla no curso da rodada Uruguai de negociações comerciais multilaterais (1986-1993) e convertido de Gatt-1947 em Gatt-1994, passando sua administração a ser feita pela OMC, junto com todos os demais acordos multilaterais e plurilaterais aprovados na conclusão dessa rodada. Veja: <http://www.wto.org/english/tratop_e/gatt_e/gatt_e.htm>. Acesso em: 28 nov. 2012.

Acordo de Livre-comércio da América do Norte (Nafta). Trata-se, provavelmente, do mais ambicioso e abrangente acordo de livre-comércio dentre os modelos do gênero, unindo, desde 1994, Canadá, Estados Unidos e México, sendo que os dois primeiros países já se encontravam vinculados por um ALC desde 1988. Compreende, além dos temas tradicionais de liberalização fronteiriça, a abertura dos mercados de serviços, regulação liberalizadora da propriedade intelectual e dos investimentos, além de instrumentos de solução de controvérsias. O modelo do Nafta serviu como padrão para acordos bilaterais que os Estados Unidos vêm negociando com parceiros selecionados, bem como para um malogrado acordo de livre-comércio das Américas, proposto em 1994, mas descontinuado desde 2005, por oposição do Brasil. Veja: <http://www.nafta-sec-alena.org>. Acesso em: 28 nov. 2012.

Acordo Multilateral de Investimentos (AMI/MAI). O MAI, na sigla em inglês mais comumente usada no âmbito da OCDE, constituiu uma tentativa de preencher uma lacuna aberta desde a não ratificação e entrada em vigor da OIC (1948), cuja carta continha um capítulo sobre investimentos. Desde essa época, os países exportadores de capitais vinham protegendo seus investidores por meio de acordos bilaterais

(APPIs, ou acordos de promoção e proteção recíproca de investimentos), por meio de centenas deles, nem sempre seguindo os mesmos padrões ou critérios uniformes quanto às disposições substantivas. Quando a rodada Uruguai produziu, apenas e tão somente, um acordo limitado regulando investimentos diretos estrangeiros (o Trims, ou acordo sobre aspectos comerciais das medidas de investimento) que não atendia aos desejos dos países exportadores de capitais, a OCDE tomou a iniciativa de inaugurar, em 1995, um exercício negociador em torno desse tema, ao qual países não membros da organização parisiense, entre eles o Brasil, foram convidados a participar. Em virtude de desacordos entre os principais países (Estados Unidos e França, por exemplo) o exercício foi descontinuado em 1998. Teria sido, se aprovado, um importante acordo multilateral, num campo relevante das relações econômicas internacionais ainda carente de regulação abrangente, suscetível, eventualmente, de substituir as centenas de APPIs atualmente existentes. Veja: <http://www.oecd.org/document/35/0,3343,en_2649_33783766_1894819_1_1_1_1,00.html>. Acesso em: 28 nov. 2012.

African, Caribbean and Pacific Group (ACP). A Convenção de Lomé e Acordo de Cotonu é um esquema preferencial que beneficiava antigas colônias europeias e outros países em desenvolvimento de "menor desenvolvimento relativo" (PMDRs) por meio de concessões e tarifas preferenciais (quando não abolição completa de barreiras a seus produtos de exportação) por parte da antiga Comunidade (hoje União) Europeia, por muitos observadores considerado um esquema neocolonial. Foi reformulado diversas vezes, com ampliação progressiva dos benefícios, das preferências concedidas e dos setores contemplados, até chegar a um mecanismo concessional, por meio do Sistema Geral de Preferências, chamado de EBA (*everything but arms*, tudo, menos armamentos), que concede, desde 2001, livre acesso de bens produzidos em 49 PMDRs ao mercado comunitário. Veja: <http://ec.europa.eu/trade/wider-agenda/development/generalised-system-of-preferences/everything-but-arms>. Acesso em: 28 nov. 2012.

Asean Free Trade Area (Afta). Área de Livre-comércio da Asean, ou seja, das nações associadas do Pacífico oriental, funcionando mais como zona de comércio preferencial, mas incorporando também outros acordos de liberalização com países não membros, como a China. A Asean concretizou diversos acordos preferenciais na região, inclusive com a China, o Japão, a Coreia do Sul, a Austrália, a Nova Zelândia e a Índia. Veja: <http://www.aseansec.org>. Acesso em: 28 nov. 2012.

Área de Livre-comércio das Américas (Alca-Ftaa). Em 1994, os Estados Unidos propuseram a negociação, em dez anos, de um amplo acordo hemisférico (Free Trade Agreement of the Americas) a todos os países da região, com exceção de Cuba. Depois de quatro anos de reuniões preparatórias, o exercício negociador teve início em meio a controvérsias sobre seu formato e seu alcance, com evidentes manifestações de má vontade por parte do Congresso e dos sindicatos norte-americanos, de um lado, e de alguns países latino-americanos, entre eles o Brasil, de outro. A chegada ao poder, no Brasil, na Venezuela e na Argentina, de governos não especialmente simpáticos ao projeto norte-americano redundou na implosão do exercício, em 2005, tendo os Estados Unidos passado a negociar acordos bilaterais de livre-comércio com vários países da região (Chile, Colômbia, Peru, toda a América Central e todo o Caribe), à exclusão dos membros do Mercosul e dos países ditos "bolivarianos" (Venezuela, Bolívia e Equador).

Asia-Pacific Economic Cooperation (Apec). Mecanismo de consulta e coordenação dos países da bacia do Pacífico, na Ásia oriental e nas Américas ocidentais. Pretende servir de base para uma imensa zona de livre-comércio, a ser construída progressivamente partindo de acordos parciais de liberalização preferencial ou de acordos bilaterais de livre-comércio. Quando incrementada em suas várias dimensões, não exclusivamente comerciais, poderá ser a base de um imenso espaço econômico naquela região, adquirindo preeminência sobre o comércio, os investimentos e os negócios, em geral, na zona do Atlântico norte, mudando sensivelmente a geografia econômica planetária. Veja: <www.apec.org>. Acesso em: 28 nov. 2012.

Acordo Regional de Comércio (ARC), em seu sentido genérico; também referido, na OMC, como *regional trade agreement* ou RTA. Existem centenas de acordos regionais, em suas diversas modalidades no mundo, quase todos registrados na OMC <http://www.wto.org/english/tratop_e/region_e/region_e.htm>, e devidamente mapeados por países, tipos e setores <http://www.wto.org/english/tratop_e/region_e/rta_participation_map_e.htm>. Acesso em: 28 nov. 2012.

Área de Comércio Preferencial (ou Área de Preferências Tarifárias). Diz-se da forma mais simples de liberalização comercial, consistindo na rebaixa tarifária seletiva de algumas linhas de produtos dos parceiros envolvidos, sem chegar a um desarme alfandegário total, como é o caso das zonas de livre-comércio. Essas áreas foram regulamentadas pela "cláusula de habilitação" da Rodada Tóquio de negociações comerciais multilaterais do Gatt (1979), cuja introdução no sistema multilateral de comércio permitiu aos países latino-americanos passar da Associação Latino-Americana de Livre-comércio, uma tentativa frustrada de livre-comércio, justamente, para a Associação Latino-Americana de Integração (1980), que nada mais é do que uma rede de acordos comerciais preferenciais.

Artigo XXIV: Artigo do Gatt, 1947 (reformulado em entendimento do Gatt-1994). Concebido para regular a existência das zonas de livre-comércio e das uniões aduaneiras, tal como concebidas na ocasião, para escapar da aparente rigidez da cláusula de nação mais favorecida. De fato, o artigo permite uma discriminação administrada contra partes contratantes não membros de um bloco comercial devidamente registrado no Gatt, à condição que a implementação do acordo satisfaça alguns requerimentos formais estabelecidos nesse acordo: que ele compreenda "substancialmente todo o comércio" (correspondendo a 80% da pauta aduaneira), que ele se desenvolva num prazo aceitável, considerado geralmente um período de 10 a 12 anos, e que as barreiras erigidas em consequência do acordo não sejam, na média, superiores à proteção preexistente. Essas disposições foram objeto de um memorando de entendimento, presidindo seu alcance e interpretação, como resultado da rodada Uruguai de negociações comerciais multilaterais, que criou a OMC e estabeleceu como um de seus órgãos um comitê de acordos regionais, para monitorar seu funcionamento. Veja: <http://www.wto.org/english/tratop_e/region_e/region_negoti_e.htm>. Acesso em: 28 nov. 2012.

Association of Southeast Asian Nations (Asean). A Associação das Nações do Sudeste Asiático surgiu durante a Guerra Fria, em 1967, como uma espécie de contraponto político de países alinhados aos Estados Unidos contra a influência de Estados comunistas na região (China comunista e Vietnã do Norte). Evoluiu para arranjos de caráter comercial, até constituir uma área de livre-comércio (ver Afta) e vem contribuindo para reforçar a bacia do Pacífico como uma das regiões mais dinâmicas do comércio internacional, consolidando nesse imenso espaço os dois processos interligados do mundo contemporâneo, a globalização e a regionalização. Os membros originais eram: Cingapura, Filipinas, Indonésia, Malásia e Tailândia; depois foram admitidos Brunei (1984), Vietnã (1995), Laos e Mianmar (1997) e Camboja (1999). Veja <http://www.aseansec.org>. Acesso em: 28 nov. 2012.

Associação Latino-Americana de Livre-comércio (Alalc). Oriunda do primeiro tratado de Montevidéu (1960), intentava constituir uma área de livre-comércio na região, de conformidade com os dispositivos do Artigo XXIV do Gatt, e obviamente não lograda, a despeito de novos prazos e novos compromissos dos países. Foi substituída em 1980 pela Aladi, já ao abrigo da cláusula de habilitação, mais flexível do que o Artigo XXIV do Gatt. Tinha como membros todos os países sul-americanos (à exceção de Guiana e Suriname) e o México.

Associação Latino-Americana de Integração (Aladi). Sucessora da Alalc, foi criada pelo segundo tratado de Montevidéu (1980) e constitui, de fato, um cartório de registro de acordos parciais e setoriais de liberalização comercial, segundo o conceito de preferências tarifárias. Durante os anos 1980 e 1990, conservou os mesmos 11 membros da Alalc, integrando, depois, Cuba (1999) e Nicarágua (2011). Tem muitos observadores na região e fora dela. Veja: <http://www.aladi.org>. Acesso em: 28 nov. 2012.

Ato Único de 1986. Esforço concentrado de retomada e reforço do processo europeu de consolidação da integração, cumprindo os objetivos iniciais dos tratados de unificação dos mercados. O Ato Único representou a consolidação, num documento de metas explícitas a serem ultrapassadas, de todas as barreiras ainda existentes, no início dos anos 1980, à consecução do mercado plenamente integrado em nível europeu (então com 12 membros das Comunidades Europeias). Pode-se dizer que ele foi muito bem-sucedido, pois quando o prazo venceu, em 1992, os países-membros tinham realmente consolidado o mercado unificado, assinaram o tratado de Maastricht da União Europeia e caminharam para o projeto de uma moeda única, implementada na prática, e numa fase inicial, entre 11 dos 15 membros da UE. Veja: <http://europa.eu/legislation_summaries/institutional_affairs/treaties/treaties_singleact_fr.htm>. Acesso em: 28 nov. 2012.

Benelux. União aduaneira entre Bélgica, Países Baixos e Luxemburgo, concertada num tratado feito em Londres pelos três governos no exílio, em 1944, e concretizada pelo protocolo assinado na Haia em 1947. Funcionou de forma concreta no período inicial da integração europeia, deixando de distinguir-se pela sua liberalização mais avançada à medida que o processo europeu, liderado pela França e pela Alemanha, foi avançando para etapas mais abrangentes de integração, até diluir-se no molde comum do mercado unificado europeu. Veja: <http://www.benelux.int>. Acesso em: 28 nov. 2012.

Bloco. conceito genérico de associação com base em entendimentos recíprocos para fins comerciais (ou outros, de tipo político, ou militar, por exemplo), podendo designar, na primeira acepção, qualquer esquema de liberalização comercial, de abertura econômica e de integração, desde as áreas de preferência tarifária até os mercados comuns, ou mesmo união monetária, passando pelas zonas de livre-comércio e as uniões aduaneiras.

Bretton Woods. Pequena localidade no estado de New Hampshire, nos Estados Unidos, onde foi realizada a conferência econômica e monetária de julho e agosto de 1944, da qual resultou a criação do Fundo Monetário Internacional e do Banco Mundial (ver cada uma delas); mais correntemente, designa os esquemas financeiros e monetários monitorados por essas duas organizações econômicas. Veja: <http://www.imf.org/external/about.htm> e <http://www.worldbank.org>. Acesso em: 28 nov. 2012.

Brics (Brasil, Rússia, Índia, China e África do Sul); antes de 2011, apenas Bric. Não constitui um bloco comercial, em qualquer de suas formas, mas pode, eventualmente, desenvolver laços econômicos e comerciais, embora seja remota essa possibilidade. Ele foi constituído, por sugestão indireta de um banco de investimentos, em virtude da magnitude econômica dos quatro países-membros originais e de sua eventual importância futura na economia mundial, o que é perfeitamente o caso da China, mas menos dos três outros e bem menos ainda do quinto membro, a República da África do Sul. Tornou-se um esquema de coordenação política, com algumas identidades no plano mundial, mas dotado de inúmeras assimetrias, podendo justificar-se pelo fato de exibir políticas contrastantes em relação aos países "hegemônicos" do G7. Veja: <http://www.itamaraty.gov.br/temas/mecanismos-inter-regionais/agrupamento-brics>. Acesso em: 28 nov. 2012.

Comunidade dos Estados Independentes (CEI). União política formada em 1993 por ex-integrantes da extinta União das Repúblicas Socialistas Soviéticas (1991): Armênia, Azerbaijão, Bielorrússia, Cazaquistão, Quirguistão, Moldávia, Rússia, Tadjiquistão, Turcomenistão, Ucrânia, Uzbequistão e Geórgia. Com pretensões a ser uma união aduaneira e integrar-se mais economicamente, possui acordos de união aduaneira e de espaço econômico comum. Veja: <http://www.cisstat.com/eng/cis.htm>. Acesso em: 28 nov. 2012.

Australia New Zealand Closer Economic Relations Trade Agreement (CER). Também conhecida como ANZCERTA, é o acordo de livre-comércio estabelecido em 1983, funcionando efetivamente segundo o princípio do regionalismo aberto, tendo feito diversos outros acordos desse tipo com parceiros da região e fora dela, inclusive com os Estados Unidos. Veja: <http://www.daff.gov.au/market-access-trade/fta/anzcerta>. Acesso em: 28 nov. 2012.

Cláusula de Habilitação. Decisão adotada ao final da rodada Tóquio de negociações comerciais multilaterais tendente a flexibilizar as disposições para liberalização comercial entre países em desenvolvimento. Ela permite que esses países não tenham de cumprir os requerimentos mais rígidos do Artigo XXIV e possam conceder vantagens parciais e reduções limitadas a outros países em desenvolvimento, sem a obrigação de estendê-las a outras partes contratantes, desenvolvidas ou em desenvolvimento Veja: <http://www.wto.org/english/docs_e/legal_e/enabling1979_e.htm>. Acesso em: 28 nov. 2012.

Common Market for Eastern and Southern Africa (Comesa). Originalmente proposta pela Comissão Econômica da ONU para a África em meados dos anos 1960, o tratado constitutivo do Mercado Comum da África Oriental e Meridional foi formalmente assinado em 1981 em Lusaka, estabelecendo, como primeira etapa, uma área de preferência comercial, o que permanece até hoje. Formalmente, são membros: Líbia, Egito, Sudão, Etiópia, Eritreia, Quênia, Uganda, República Democrática do Congo, Ruanda, Burundi, Malaui, Madagascar, Suazilândia, Zâmbia e Zimbábue. Veja <http://www.comesa.int>. Acesso em: 28 nov. 2012.

Comitê de Acordos Regionais. Órgão criado ao final da rodada Uruguai de negociações comerciais tendente a monitorar e disciplinar os acordos e esquemas existentes de integração, segundo as normas e disposições contidas nos instrumentos administrados pela OMC. O Comitê faz um exame dos textos dos acordos e das práticas de seus Estados partes para verificar se eles se conformam às disposições em vigor, submete os membros desses acordos a questionamentos sobre a adequação de seus mecanismos comerciais às cláusulas principais do Gatt e da OMC e formula recomendações em casos de eventuais desalinhamentos aos padrões esperados. Veja: <http://www.wto.org/english/tratop_e/region_e/regcom_e.htm>. Acesso em: 28 nov. 2012.

Comunidade Andina de Nações (CAN). Anteriormente conhecida como Grupo Andino, essa união aduaneira (no papel) originou-se do Tratado de Cartagena de 1969, que pretendia avançar institucionalmente e na prática em relação aos objetivos mais modestos da Alalc, propondo um esquema mais conforme o modelo europeu, com um órgão executivo (a Junta, com sede em Lima), um Tribunal (com sede em Bogotá) e um Parlamento. A despeito de ter adotado regulamentos comuns para as mais diversas áreas de interesse substantivo do bloco, não conseguiu realizar seus objetivos mais ambiciosos. Integrada originalmente por todos os países da região andina, dela se afastou o Chile em 1975, por desavenças em relação às políticas setoriais obrigatórias (especialmente nas áreas de investimentos, propriedade intelectual e propriamente comercial), e a Venezuela, em 2006, por oposição aos tratados de livre-comércio firmados por Peru e Colômbia com os Estados Unidos, solicitando a sua inclusão no Mercosul. Em 1996 a CAN adota o seu nome atual, com intenções de caminhar para a união aduaneira, e a Junta se transforma em Secretaria Geral, com funções igualmente políticas. Permanecem como membros Bolívia, Colômbia, Equador e Peru, que estabeleceram acordos de associação com os membros do Mercosul e com o Chile. Veja: <http://www.comunidadandina.org>. Acesso em: 29 nov. 2012.

Comunidade Econômica Europeia (CEE). Formato original da atual União Europeia, que teve início com os tratados de Roma (1957) criando, a partir da Comunidade Europeia do Carvão e do Aço (Tratado de Paris, 1951), um mercado comum abrangente, funcionando aproximadamente nas mesmas bases comunitárias, e uma comunidade europeia da energia atômica (Ceea ou Euratom). O tratado econômico e comercial previa o funcionamento de um mercado comum em dez anos, a partir de uma união aduaneira e de políticas comuns para a agricultura e para a circulação de mão de obra. Em 1965, as três instituições foram fundidas numa única estrutura política, com instituições comuns, inclusive um Parlamento, posteriormente (1979) eleito pelo voto direto. Aos seis membros originais da Ceca, juntaram-se, em 1973, o Reino Unido, a Irlanda e a Dinamarca, a Grécia (1981), e Espanha e Portugal (1986). O Tratado de Maastricht consolidou o nome de Comunidades Europeias (CE), depois transformado em União, com a incorporação de novos pilares (política externa e de segurança comum, união monetária), ademais da consolidação das fronteiras interiores (Schengen). Com a adesão de novos países desde 1995, a UE passou a ter 27 membros em 2005. O tratado da CEE foi modificado diversas vezes, notadamente em Nice (2001) e em Lisboa (2009), que modificou um projeto de Constituição não ratificada por alguns de seus membros. Veja: <http://europa.eu/legislation_summaries/institutional_affairs/treaties/treaties_eec_pt.htm>. Acesso em: 29 nov. 2012.

Comunidade Europeia de Defesa. Tentativa de instituição, em 1952, de um órgão de defesa comum, com pretensões a ser uma OTAN regional exclusivamente europeia e de substituir a União da Europa Ocidental, constituída em Bruxelas em 1948. Não sobreviveu à sua recusa pelo Parlamento francês em 1954. Veja: <http://www.weu.int>. Acesso em: 29 nov. 2012.

Comunidade Europeia do Carvão e do Aço (Ceca). Foi a primeira das instituições comunitárias da integração europeia, criada pelo Tratado de Paris de 1951, previa a administração conjunta dos recursos carboníferos e siderúrgicos e políticas comuns nas áreas de extração, industrialização e comercialização (com base na administração das zonas produtoras do Ruhr, na Alemanha ocupada por tropas ocidentais). Origina-se no Memorando Monnet (1950) que propôs a exploração conjunta, pela França e pela Alemanha, de recursos estratégicos considerados essenciais no plano militar, tendo sido aceita igualmente pelos membros do Benelux e pela Itália. Diluiu-se nos anos 1960 nas Comunidades Europeias, ao ter suas instituições unificadas com as demais existentes no âmbito comunitário europeu. O Tratado de Paris foi formalmente abolido pelo tratado da União Europeia, adotado em 1992, em Maastricht. Veja: <http://europa.eu/legislation_summaries/institutional_affairs/treaties/treaties_ecsc_pt.htm>. Acesso em: 29 nov. 2012.

Comunidade Europeia da Energia Atômica (Euratom). Assinado em Roma, em 1957, junto com o tratado da Comunidade Econômica Europeia, destinava-se à administração conjunta de todos os recursos, equipamentos e políticas voltados para a pesquisa e utilização da energia atômica para fins pacíficos. Continua a supervisionar as atividades da União Europeia em matéria nuclear, inclusive no que se refere à não proliferação e matérias afins. Veja: <http://ec.europa.eu/energy/nuclear/euratom/euratom_en.htm>. Acesso em: 29 nov. 2012.

FMI (Fundo Monetário Internacional). A entidade simbólica das instituições de Bretton Woods (1944), responsável pela boa gestão da liberalização dos pagamentos correntes, pelo monitoramento das políticas econômicas nacionais influenciando o crescimento e a estabilidade econômica mundiais e, durante algum tempo (1946-1973), pela vigilância exercida sobre as políticas cambiais nacionais, que tinham de se conformar ao padrão ouro-dólar adotado na conferência fundadora. Tendo os Estados Unidos se retirado unilateralmente de seu compromisso com a paridade estável do dólar em ouro (US$ 35 por onça de ouro) e decidido não mais efetuar o câmbio metálico das reservas em dólares dos demais membros, o FMI modificou seu convênio constitutivo e não mais exerce monitoramento sobre as políticas cambiais dos países-membros, embora possa formular recomendações nessa área. Ao contrário do que se acredita, habitualmente, o FMI não dispõe de mandato jurisdicional sobre as políticas financeiras dos países-membros, sendo estes responsáveis soberanamente pelos fluxos de capitais, podendo controlá-los ou isentá-los de restrições. Sua função mais importante é prover ajuda emergencial a países enfrentando desequilíbrios temporários de balanço de pagamentos, podendo determinar condicionalidades. Veja: <http://www.imf.org/external/index.htm>. Acesso em: 29 nov. 2012.

Free-riders (ou caronas). Diz-se de países, ou mesmo instituições, que se beneficiam de políticas mais liberais adotadas por parceiros de um acordo ou membros de algum esquema institucionalizado, parceiros que se dispuseram a fazer o esforço de maior abertura econômica e de liberalização comercial (ou de regras mais flexíveis em quaisquer outras áreas) sem que os caronas se disponham a adotar as mesmas normas e políticas de abertura para si próprios e para o benefício recíproco de todos os demais. O Brasil foi considerado um *free-rider* durante a maior parte da história do Gatt e poderia ainda continuar a sê-lo, se não fossem as pressões de parceiros mais desenvolvidos pela sua graduação e concessões equivalentes.

General Agreement on Trade in Services (Gats). O Acordo Geral sobre Comércio de Serviços é o primeiro acordo-quadro que regula o comércio multilateral de serviços, constando de algumas regras de caráter geral, entre elas o princípio de nação mais favorecida e de tratamento nacional, e de protocolos setoriais consolidando ofertas de abertura dos países aderentes. Adotado ao final da Rodada Uruguai (1993), vem sendo completado progressivamente por negociações regulares em torno de listas positivas, ofertas de abertura, o que permite ainda ampla margem de flexibilidade (e, portanto, de fechamento) e de manutenção de monopólios nacionais e de discriminação contra não membros de algum acordo preferencial nessa área, como em transportes, comunicações ou serviços financeiros, entre muitos outros, listados ou não em sua agenda. Veja: <http://www.wto.org/english/tratop_e/serv_e/serv_e.htm>. Acesso em: 29 nov. 2012.

Gatt. Veja *Acordo Geral de Tarifas Aduaneiras e Comércio.*

Grupo Andino. Veja *Comunidade Andina de Nações.*

Guerra dos Trinta Anos. Não foi exatamente uma guerra, mas uma sucessão de conflitos militares entre Estados católicos do centro da Europa (Habsburgos) e Estados protestantes, geralmente alemães, mas também escandinavos e holandeses, curiosamente aliados à França católica (que reprimia seus próprios protestantes, mas que pretendia reduzir o poderio dos Habsburgos espanhóis). De 1618 a 1648, os enfrentamentos devastaram a Europa central, inclusive com o uso de mercenários, provocando massacres, epidemias e fomes induzidas, responsáveis por milhões de mortos e o declínio econômico de vários Estados. Essa "guerra civil europeia", de forte coloração religiosa, resultou nos tratados de Vestfália, que introduziram a noção de soberania absoluta dos Estados civilizados (cristãos) e permitiram o desenvolvimento do direito internacional como fundamento das relações internacionais da era moderna.

Guerra Fria. Período considerado de bipolaridade clássica no sistema político internacional contemporâneo, feito de equilíbrio militar entre as duas grandes potências, os Estados Unidos e a União Soviética, muito embora esta última nunca tenha alcançado qualquer preeminência econômica ou tecnológica sobre o mundo capitalista liderado pelos Estados Unidos. Suas instituições mais simbólicas foram a OTAN (Organização do Tratado do Atlântico Norte, com sedes em Paris e depois em Bruxelas) e o Pacto de Varsóvia, a aliança militar dominada pela União Soviética e que se destinava, em grande medida, a assegurar a dominação russa sobre os satélites socialistas da Europa oriental. Seu marco inicial é geralmente considerado o ano de 1947, quando cessam as tentativas de se manter a aliança militar feita durante a guerra europeia e asiática (1941-1945), e se estende até praticamente o final da União Soviética, em 1991, muito embora períodos de distensão e de "coexistência pacífica", feitos de negociações sobre limitações de armamentos estratégicos, tenham se alternado a fases de tensões ou mesmo de conflitos abertos (como na Guerra da Coreia, entre 1950 e 1953, ou na crise dos foguetes soviéticos em Cuba, em 1962, bem como nas crises de Berlim, em 1947-48, e em 1961).

Guerras Púnicas. Durante praticamente um século (de 264 a 146 a.C), o nascente imperialismo da República Romana enfrentou o império já estabelecido dos cartagineses (fenícios, ou púnicos), em quase todo o Mediterrâneo, em especial na Sicília e no território norte-africano que corresponde à Tunísia atual. O poderio naval cartaginês era, no início, indiscutível, mas a melhor organização militar dos romanos levou-os a conquistar e arrasar Cartago, passando depois ao Mediterrâneo oriental, consolidando uma hegemonia que duraria praticamente até o século V da era cristã.

Hansa. Veja *Liga Hanseática*.

Plano Marshall. O Programa de Recuperação Europeia, formulado no âmbito da Doutrina Truman, de contenção do comunismo no imediato seguimento da Segunda Guerra Mundial, foi anunciado em meados de 1947 e levou o nome do então secretário de Estado americano, George C. Marshall. Consistiu, basicamente, em ajuda emergencial aos países devastados pela guerra, por um lado, e em diversos projetos de reconstrução material e de reorganização econômica, por outro lado. Centenas de milhões de dólares foram canalizados sob a forma de alimentos, combustíveis, máquinas e equipamentas, ademais de doações e financiamentos aos diferentes projetos que foram organizados pela Organização Europeia de Cooperação Econômica (Oece), base da futura OCDE (1960). Os países ocupados pelo Exército soviético não estavam, em princípio, excluídos da ajuda americana, mas o líder comunista soviético Joseph Stalin proibiu-os de participar na coordenação dos esforços de reconstrução, na medida em que deveriam fornecer informações estratégicas sobre seus insumos e equipamentos. Em princípios dos anos 1950, grande parte dos projetos de reconstrução tinha sido realizada, ainda que o apoio americano tenha continuado até praticamente o início da integração europeia, no final da década.

Preferências Imperiais (*imperial preferences*). Modalidade de exclusivo "semicolonial", designando o regime preferencial adotado no início do século XX e consolidado em 1932, na conferência de Ottawa, e que regulava o comércio entre os membros da Comunidade Britânica de Nações. Embora todos os outros sistemas imperiais tenham adotado expedientes semelhantes, o mais importante, historicamente, foi o da Commonwealth, já que chegou a cobrir parte significativa do comércio internacional durante algum tempo, resistindo o Reino Unido a se desfazer dos aspectos mais discriminatórios desse regime quando das conferências de Bretton Woods e de Havana sobre as bases da nova ordem econômica mundial. O artigo XXIV do Gatt responde, em grande medida, às "necessidades discriminatórias" dos sistemas imperiais, sendo depois usado exclusivamente pelos acordos regionais de comércio. Os defensores das *Commonweath Preferences* diziam que foram levados a adotar o sistema em face do protecionismo comercial crescente da Alemanha imperial e dos Estados Unidos.

Imperialismo. Conceito que designa a projeção de um poder estatal (nos planos administrativo, militar e econômico) de um centro soberano (designado como "metrópole") sobre uma região que não pertence à sua jurisdição imediata e pode estar muito longe de suas fronteiras ("periferia"). O imperialismo pode incluir a ocupação colonial e a administração direta, mas sempre implica controle sobre os recursos e exploração das riquezas da periferia, no interesse do centro metropolitano.

Integração. Nome genérico atribuído a qualquer experimento ou processo de derrubada de barreiras a fluxos de fatores produtivos entre países ou territórios aduaneiros, que passam a ser regulados por meio de políticas comuns ou convergentes. Um acordo de comércio regional visa, em princípio, a integração econômica entre seus membros, embora eles possam se contentar com suas fases mais elementares (áreas preferenciais de comércio) e não caminhar verdadeiramente para a formação de um espaço econômico comum. Em suas fases mais avançadas, a integração pode implicar moeda comum, ou única, e gestão conjunta de políticas de segurança e defesa (interna e externa) de relações internacionais. A passagem da mera liberalização comercial e da abertura econômica recíproca para etapas mais profundas é, no entanto, complicada, tendo em vista a necessidade de coordenação, de convergência ou até de gestão unificada de políticas cruciais de gestão macroeconômica (fiscal, cambial, monetária) ou setorial (agrícola, industrial, comercial, tecnológica etc.). O exemplo mais avançado de integração, não isento de problemas de gestão (notadamente na área fiscal), é, obviamente, a União Europeia. O Mercosul encontra-se em fase elementar (união aduaneira) desse processo.

Intergovernamental. Diz-se do processo de integração que não prevê, em seus acordos constitutivos, nenhuma cessão mais avançada de soberania entre os parceiros, ou seja, sem que eles renunciem ao controle nacional das principais políticas mobilizadas para a integração (com delegação de poderes a alguma entidade supranacional, portanto), preservando, ao contrário, a faculdade de decidir, caso a caso, que políticas ou medidas adotar para fazer avançar o processo. Nesse esquema, os parlamentos e governos nacionais precisam aprovar cada uma das disposições decididas nas reuniões conjuntas. O esquema, típico de experiências como o Benelux ou o Mercosul, sendo corrente em todos os acordos de livre-comércio existentes, se opõe ao comunitário, próprio de experimentos mais avançados, como o europeu desde a Ceca até a UE.

Keynesianismo. Diz-se das políticas de regulação e de estímulo à atividade econômica, adotadas originalmente para vencer um ciclo recessivo ou depressivo e que foram depois se generalizando com base nas prescrições de políticas macroeconômicas preconizadas por John Maynard Keynes (1883-1946) e por todos os seus seguidores desde que sua obra mais conhecida, a *Teoria geral do emprego, do juro e da moeda* (*General theory of employment, interest and money*), foi publicada em 1936. Exerceu grande influência na América Latina e no Brasil, a partir da tradução desse livro para o espanhol, por Raúl Prebisch, e da criação da Comissão Econômica para a América Latina da ONU, da qual o economista argentino foi diretor durante muitos anos. Ainda constitui a base das políticas econômicas nacionais, a despeito de imperfeições teóricas e práticas, sobretudo em épocas de turbulências econômicas e de crises financeiras. Veja: <http://www.econlib.org/library/Enc/KeynesianEconomics.html>. Acesso em: 29 nov. 2012.

Liberalismo. Pode ser considerado, ao mesmo tempo, uma doutrina e um sistema de organização política e econômica baseados, fundamentalmente, nas ideias das liberdades individuais (de expressão, de organização política, de iniciativa econômica no terreno produtivo, de crenças religiosas etc.), dos livres mercados e da contenção do dirigismo e do intervencionismo estatais. Até se disseminar na era contemporânea, em especial na Grã-Bretanha, ele esteve identificado com os ensinamentos de John Locke e de Adam Smith, que pregavam uma ordem espontânea, o governo limitado e a auto-organização da sociedade (como expresso na famosa ideia da "mão invisível", de Smith). David Ricardo e Jean-Baptiste Say também foram promotores do liberalismo no terreno econômico, em especial na política comercial. No século XX foi sobretudo representado por economistas como Ludwig Von Mises e Friedrich Hayek, ambos identificados com a chamada Escola Austríaca de economia. Ele se opõe, obviamente, ao dirigismo econômico e ao socialismo, no que se refere à organização econômica e política das sociedades, e também ao mercantilismo e ao protecionismo no terreno comercial.

Liga Ateniense. Na verdade, conhecida historicamente como Liga de Delos, uma associação de cidades-estados da antiga Grécia (século V a.C.), dominada por Atenas, a mais importante das bases de resistência às tentativas de dominação do Império Persa sobre a península grega. O imperialismo ateniense, contudo, resultou na guerra do Peloponeso, já que outras cidades-estados se opuseram ao uso dos navios da Liga em favor de Atenas.

Liga Hanseática (Báltico). Aliança econômica e comercial entre associações de mercadores do norte da Europa, em geral, e dos Estados bálticos, em especial, com o objetivo de expandir os laços comerciais em toda a região; funcionou segundo regras largamente informais desde o final da Idade Média até a era napoleônica, quando ela cessa de existir; os holandeses exerceram ativa competição contra os membros da Liga Hanseática, cujos participantes mais bem-sucedidos foram as cidades-estados no norte da Alemanha (na Prússia e em portos situados na atual Polônia e Estados bálticos).

Livre-comércio. Doutrina ou princípio identificado com a total liberalização dos intercâmbios externos, que não deveriam sofrer qualquer restrição por parte dos governos, sob a forma de tarifas ou quaisquer outras barreiras alfandegárias. Desde Adam Smith, esse princípio vem combatendo o mercantilismo e o protecionismo, embutidos ou disseminados em uma infinidade de políticas governamentais. Sua expressão maior, no século XIX, foi a luta pela abolição das taxas sobre importações de produtos agrícolas (*Corn Laws*), que mobilizou a atenção dos empresários industriais e da opinião pública da Grã-Bretanha entre 1815 e 1846. A vitória, temporária, dos livre-cambistas foi em grande medida revertida no século XX, com a volta de barreiras tarifárias e de preferências comerciais. Ele está teoricamente presente em todos os acordos modernos de livre-comércio, a exemplo do Nafta, mas na prática sempre existem exceções para produtos sensíveis, ou mesmo para setores inteiros da economia. A maior parte dos acordos regionais registrados no respectivo comitê da OMC é de livre-comércio ou mesmo de simples preferências tarifárias.

Ludditas. Dizia-se dos antigos seguidores de uma figura mítica da revolução industrial inglesa, Ned Ludd, que teria liderado a destruição de teares mecânicos e de outros equipamentos industriais, considerados prejudiciais ao emprego dos artesãos ou trabalhadores manuais, sob o antigo regime manufatureiro. Atualmente é usado para indicar qualquer opositor de aperfeiçoamentos tecnológicos ou da substituição de trabalhadores manuais por sistemas automatizados, em defesa do emprego e dos rendimentos dos trabalhadores assalariados de baixa qualificação. Seus equivalentes contemporâneos, no Brasil, podem ser encontrados no Movimento dos Trabalhadores Sem Terra, um partido neobolchevique que se opõe ao agronegócio e à agricultura capitalista baseada em grandes unidades comerciais e prega o retorno a uma mítica reforma agrária de características basicamente "manufatureiras".

Memorando Monnet. Trata-se do documento que pode ser considerado a base do processo de integração europeia, desde a Comunidade Europeia do Carvão e do Aço (1951), até a UE contemporânea. Responsável pela reconstrução da França em 1945, enquanto Comissário do Planejamento, Jean Monnet começou a conceber formas de se evitar novos, ou futuros enfrentamentos militares entre a França e a Alemanha, que tinham estado em guerra em muitas ocasiões no passado, em especial em 1870, em 1913 e em 1939. Em 1949 ele apresentou seu plano ao ministro francês das Relações Exteriores, Robert Schuman, formalizado como Memorando, no ano seguinte, propondo a administração comum dos recursos carboníferos e siderúrgicos dos dois países, esquema que esteve na origem do Tratado de Paris de 1951 estabelecendo a Ceca (em 1952), com a adjunção dos três membros do Benelux e da Itália. O próprio Monnet foi o primeiro presidente da Ceca, até 1955, quando deixou o cargo para atuar no âmbito do Comitê de Ação para os Estados Unidos da Europa.

Mercado Comum. Consolidação ampliada de um espaço econômico comum, consistindo na realização efetiva de todas as etapas anteriores da integração (ou seja, ZLC e UA), acrescida da livre circulação dos fatores de produção (inclusive pessoas) e coordenação de políticas econômicas essenciais para a integração plena (fiscais, monetárias e cambiais). Um MC verdadeiramente unificado chamaria, naturalmente, uma moeda comum, uma vez que moedas nacionais representariam um custo dispensável quando todos os fatores circulam livremente. Um MC pode requerer instituições comunitárias, embora também possa, pelo menos teoricamente, conviver com esquemas intergovernamentais.

Mercantilismo. A despeito de ser considerado uma doutrina surgida na era moderna, contemporaneamente à formação dos Estados nacionais na Europa, e vigorando desde os descobrimentos até a preeminência do liberalismo econômico, já na revolução industrial inglesa, o mercantilismo permanece persistentemente vivo na era contemporânea, sob a forma de políticas e sentimentos protecionistas, ou seja, restritivos ao livre-comércio e tendentes a favorecer a produção nacional. Embora desprovido de suas características mais caricaturais (como a acumulação de metais preciosos e as famosas "leis de navegação" e de proibição de importações), o mercantilismo manifesta-se insidiosamente cada vez que políticos ligados a lobbies setoriais colocam obstáculos ao ingresso de produtos estrangeiros nos mercados nacionais e propõem legislações que prometem defender a produção nacional contra a "concorrência predatória" do exterior. O Brasil possui o sentimento e as políticas, senão a doutrina, profundamente entranhados em suas elites políticas e econômicas, recaindo de forma recorrente em algumas de suas formas mais abertas ou disfarçadas.

Mercado Comum do Sul (Mercosul). Criado formalmente por meio do Tratado de Assunção (26 de março de 1991), seu nome oficial é "tratado para a constituição de um mercado comum entre Argentina, Brasil, Paraguai e Uruguai", o que significa que se trata de um acordo-quadro, provisório, tendente a criar um mercado comum entre os quatro países, objetivo fixado para o dia 1º de janeiro de 1995, o que obviamente ainda não foi cumprido. Sua estrutura "permanente" foi confirmada pelo Protocolo de Ouro Preto (1994), que também consolidou o formato intergovernamental, em lugar da estrutura supranacional, seguida no exemplo europeu, que muitos esperavam ser institucionalizada. Possui diversos acordos de associação com parceiros em desenvolvimento, mas ainda não conseguiu concluir um acordo de liberalização comercial com a União Europeia e recusou um acordo de livre-comércio no plano hemisférico, proposto pelos Estados Unidos (Alca). Depois de 2003, tem desenvolvido bem mais os seus aspectos políticos e sociais do que o seu conteúdo econômico e comercial, que de fato recuou devido a restrições e práticas protecionistas de alguns membros. A Venezuela foi aceita como quinto membro em 2012, mas persistem dúvidas sobre a legalidade dessa adesão, feita na ausência e na oposição do Paraguai, suspenso temporariamente do bloco em razão de crise política interna.

Multilateralismo. Forma característica da ação diplomática contemporânea, em suas diferentes manifestações formais, consistindo na discussão e adoção de políticas, medidas ou tratados formais pela via do consenso ou adoção majoritária em entidades abertas à adesão de todos os membros reconhecidos da comunidade internacional. No plano formal, opõe-se ao bilateralismo, ou seja, o relacionamento entre dois Estados nacionais, ou ao plurilateralismo, ação concertada de três ou mais Estados soberanos. Em princípio o multilateralismo é universal, ou seja, aberto a todos os membros que aceitam formalmente regras e estatutos adotados para o funcionamento das principais agências e organizações internacionais (das quais as mais famosas são a ONU e suas agências especializadas, todas multilaterais, mas nem sempre atuando com as mesmas regras de decisão ou de votação), entretanto ele também pode ser regional ou setorial, a exemplo de entidades como a OEA, a OCDE ou acordos regionais de comércio como a UE ou a Aladi (sendo, nesse caso, restritos aos membros).

Nação mais favorecida (cláusula). A mais famosa e tradicional das cláusulas dos acordos de comércio, existindo nos antigos tratados de comércio e navegação desde os albores da era moderna, ainda que sob formas limitadas e condicionais. No Gatt-1947 adquiriu a forma incondicional, irrestrita e ilimitada, sendo esta a mais comum nos tratados contemporâneos de comércio de bens e serviços. Mas esse princípio praticamente universal pode sofrer limitações legais, como no caso dos acordos regionais de comércio, justamente, que permitem a discriminação atendidos certos requerimentos de desempenho (definidos de maneira vaga no Artigo XXIV).

Não Proliferação Nuclear, tratado (TNP-1968). O mais importante instrumento de contenção da proliferação nuclear desde o auge da Guerra Fria não é, exatamente, um acordo multilateral, ou universal, e sim um expediente negociado entre três das cinco potências nucleares reconhecidas em meados dos anos 1960 (Estados Unidos, União Soviética e Reino Unido) (o que incluía a França e a China, igualmente, mas que só aderiram ao TNP no início dos anos 1990) num esforço para evitar a disseminação de armas e equipamentos nucleares entre um número excessivo de atores do sistema internacional. Embora praticamente universal, com 189 Estados membros em 2011, o TNP não conta com a simpatia de todos os seus signatários, uma vez que os cinco Estados oficialmente nucleares, que são também os cinco membros permanentes do Conselho de Segurança da ONU, não cumprem a contrapartida da não proliferação assumida por todos os demais, que seria um processo efetivo de desarmamento e eliminação das armas nucleares.

Os cinco nucleares oficiais dispõem de aproximadamente 90% dos vetores nucleares, sendo o restante dividido entre três Estados não membros do TNP (Israel, Índia e Paquistão) e um último que dele se retirou: a Coreia do Norte.

Organização para a Cooperação e Desenvolvimento Econômico (OCDE). Concebida inicial e provisoriamente como Organização Europeia de Cooperação Econômica (1948), destinava-se a organizar a distribuição da ajuda econômica do governo norte-americano, ao abrigo do Plano Marshall (1947), aos países europeus afetados pela guerra. Surgiu em sua forma atual em 1960, com a adjunção dos Estados Unidos e de alguns outros países democráticos e de economia de mercado (como Canadá, Austrália e Japão), e destinada a coordenar as políticas econômicas nacionais no quadro da interdependência mundial do capitalismo. Depois do final da Guerra Fria, integrou diversos outros países da Europa central, em transição do socialismo ao capitalismo, e alguns emergentes (México, Coreia do Sul e Chile). O Brasil já foi sondado diversas vezes, nos últimos anos, para aderir à OCDE, mas suas orientações de política econômica ainda não se conformaram ao padrão mais liberal da entidade. Veja: <http://www.oecd.org>. Acesso em: 29 nov. 2012.

Organização do Tratado do Atlântico Norte (Otan). Considerada o baluarte do mundo ocidental, sob liderança americana, durante o período da Guerra Fria, a organização surgida do Tratado de Washington (1949) possui o mesmo princípio que o anteriormente adotado no Tratado Interamericano de Assistência Recíproca (Petrópolis, 1947), qual seja, o da segurança coletiva (qualquer ataque a um dos membros é considerado um ataque a todos). A solidariedade atlântica foi muito mais efetiva do que seu equivalente hemisférico americano, embora nos dois casos ela se baseasse na evidente hegemonia militar dos Estados Unidos. A Otan passou por diversas transformações institucionais ao longo de sua história sexagenária, inclusive uma mudança de sede, de Paris a Bruxelas, em 1966, quando a França abandonou seu comando militar, sendo a mais importante a revisão doutrinal adotada ao final da Guerra Fria, quando o inimigo soviético cessou formalmente de existir (embora a Rússia ainda seja vista mais como um possível contendor que convergente) e quando são propostos novos temas e novos cenários de atuação (extra-atlânticos) para o esquema militar e de coordenação estratégica. Nos últimos anos tem incorporado ex-satélites soviéticos, o que causa desconforto na Rússia, a despeito de acordos de "parceria estratégica" entre esta última e a Otan com seus atuais 28 membros, entre os quais alguns ex-membros da URSS. Veja: <http://www.nato.int>. Acesso em: 29 nov. 2012.

Organização Internacional de Comércio (OIC). Aprovada formalmente por meio da Carta de Havana (tratado adotado ao final da conferência mundial de comércio e emprego, realizada na capital cubana de novembro de 1947 a março de 1948), para elaborar o "terceiro pé", comercial, do esquema iniciado em Bretton Woods, em 1944, e destinada a integrar os elementos de política comercial e os esquemas de concessão negociados em Genebra, provisoriamente, no âmbito do Gatt, de março a outubro de 1947. Constituída no papel, a OIC jamais veio à luz, por carência de ratificações dos principais parceiros comerciais da época, entre eles, sobretudo, os Estados Unidos. O Gatt funcionou "provisoriamente" durante meio século (embora dotado de um secretariado) até passar sob a administração da OMC.

Organização Mundial do Comércio (OMC; WTO, na sigla em inglês). Surgida ao final da rodada Uruguai de negociações comerciais multilaterais, administra o conjunto de acordos elaborados sob a égide do antigo Gatt e diversos outros acordos plurilaterais. Diferentemente, porém, dos dois "irmãos" de Bretton Woods (o FMI e o Banco Mundial) a OMC possui um processo decisório baseado no consenso, não em maioria qualificada segundo o capital acionário; essa característica torna mais lenta a adição de acordos. Veja: <www.wto.org>. Acesso em: 29 nov. 2012.

Plurilateralismo. Refere-se, em princípio, a tudo o que não é meramente bilateral, mas que não consegue ser verdadeiramente multilateral, ou seja, aberto a todos os participantes de um acordo ou organização. Geralmente se diz de um acordo voluntário negociado e aprovado apenas entre as partes desejosas de fazê-lo, embora aberto à adesão de outras partes segundo os termos do acordo. A Aladi, por exemplo, é um acordo "plurilateral", ao qual podem aderir todos os países latino-americanos, mesmo aqueles que mantêm acordos fora da região; são também aceitos como observadores países e organizações extrarregião. A OMC administra alguns acordos setoriais plurilaterais (como aeronáutica civil, compras governamentais, comércio eletrônico etc.), que são todos de adesão voluntária dos países-membros, contrariamente aos acordos de comércio similares ao Gatt, que são de adesão obrigatória.

Protecionismo. Concepção política e econômica identificada com o fechamento dos mercados nacionais no terreno da política comercial, obstando a concorrência estrangeira em todos os setores em que possa haver uma produção nacional similar. Na era moderna esteve identificado ao mercantilismo e foi combatido pelas doutrinas de livre-comércio, mas persiste até os tempos atuais sob variadas formas, geralmente disfarçadas, algumas vezes abertas, de preferência ao produto local, contra o que se considera ser uma competição "predatória" de produtos estrangeiros. Costuma ser generalizado no terreno agrícola, sob justificativa de "segurança alimentar", mas se exerce com muita criatividade (ou seja, não apenas sob a forma mais transparente de tarifas aduaneiras, mas por meio de barreiras por vezes invisíveis) no setor industrial e também no de serviços (em ambos favorecido pela preferência nacional nas políticas de compras governamentais). Sua formalização está identificada historicamente com as recomendações de Alexander Hamilton, o primeiro secretário do Tesouro dos Estados Unidos, e com as dos economistas Friedrich List (alemão), Henry Carey (americano) e Mihaïl Manoïlesco (romeno). O Gatt representa uma tentativa de coibir, ou de limitar, o protecionismo dos parceiros comerciais, mas ele costuma ressurgir com mais ímpeto nas conjunturas de crises econômicas.

Reciprocidade. Outro dos princípios basilares do sistema multilateral de comércio, consiste na assunção de obrigações e deveres iguais por todos os membros, sendo eles orientados a responder com concessões equivalentes a promessas e garantias de abertura econômica e de liberalização comercial das demais partes a um acordo de comércio. No entanto, os países em desenvolvimento sempre se bateram para substituir a reciprocidade estrita por um sistema mais flexível, baseado no tratamento diferencial e mais favorável, em seu benefício, ou mesmo num regime de não reciprocidade, o que está parcialmente definido no sistema geral de preferências (SGP), que a despeito do nome é parcial e condicional. A OMC reconhece o princípio do tratamento especial e diferencial em favor dos países em desenvolvimento. Veja: <http://www.wto.org/english/tratop_e/devel_e/dev_special_differential_provisions_e.htm>. Acesso em: 29 nov. 2012.

Regionalismo. Refere-se a todo e qualquer fenômeno ou processo geograficamente definido no âmbito político ou econômico, tendente a constituir uma associação de interesses e de propósitos entre os membros. Geralmente se materializa sob a forma de um tratado ou acordo "regional", estabelecendo os objetivos e o modo de funcionamento do bloco, que podem ser múltiplos e variados, indo da aliança militar à união econômica, passando usualmente por acordos de livre-comércio. O caráter "regional" pode ser geograficamente impreciso, ou vago, pois que muitos dos ARCs, no conceito da OMC, se dão entre países não contíguos geograficamente.

Rodada Tóquio (1973-79). Uma das mais importantes rodadas de negociação comercial, ainda no regime do antigo Gatt (1947), mas já envolvendo mais de cem partes contratantes, que aprovou importantes acordos setoriais e normativos, entre eles sobre *dumping*, salvaguardas, medidas não tarifárias e acordos-quadro no plano plurilateral; abriu caminho a negociações ainda mais relevantes, tentadas uma primeira vez em 1982, finalmente concretizadas sob a forma da Declaração de Punta del Este, que deu início à rodada Uruguai. No âmbito dos acordos regionais, aprovou a chamada "cláusula de habilitação", que flexibilizou as disposições do Gatt (no Artigo XXIV) para a conclusão de acordos preferenciais de comércio entre países em desenvolvimento, o que permitiu a criação da Aladi, por exemplo.

Rodada Uruguai (1986-1993). A mais importante das rodadas comerciais concluídas na história do sistema multilateral de comércio, resultou na criação da OMC, embora esse ato não estivesse contido em seu mandato original, estabelecido no balneário uruguaio de Punta del Este em setembro de 1986. Deveria ter sido concluída em 1990, mas, como ocorre frequentemente, desacordos persistentes, geralmente em torno de questões agrícolas e dos "novos temas" (propriedade intelectual, serviços, investimentos), delongaram sua conclusão, efetuada três anos depois do prazo inicialmente fixado; os impasses redundaram num acordo agrícola que "legalizou" a prática dos subsídios e no avanço institucional que acabou resultando na criação da OMC. Ao seu final, o Gatt-1947 sofreu ajustes formais que resultaram no Gatt-1994 e a OMC passou a abrigar um "Comitê de Acordos Regionais", destinado a regulamentar as novas disciplinas fixadas no entendimento sobre o Artigo XXIV e os muitos acordos concluídos ao abrigo da cláusula de habilitação (1979).

Rodada Doha (2001-atual). Iniciada em circunstâncias dramáticas, dois meses depois dos atentados terroristas de 11 de Setembro de 2001, e no seguimento do fracasso da conferência ministerial de Seattle (1999), que deveria ter inaugurado uma "rodada do Milênio", esse novo ciclo de negociações comerciais multilaterais (pela primeira vez sob a égide da OMC, e seus muitos comitês setoriais) ainda não tinha sido concluído em 2011 e não tem qualquer previsão quanto a um final bem-sucedido. Os impasses combinam a tradicional oposição de interesses entre países desenvolvidos exportadores de capitais e de bens de alta tecnologia e países em desenvolvimento exportadores de *commodities* e manufaturas industriais baseadas em recursos naturais e trabalho não especializado, mas também velhos e novos desacordos em aspectos normativos do comércio internacional, como podem ser subsídios e políticas de incentivo situadas na chamada "área cinzenta" do sistema, com muitas ambiguidades regulatórias e mercantilismo disfarçado de grandes e pequenos parceiros. A crise de 2008-2009, prolongada em novas formas em 2011-2012, dificulta a obtenção de um consenso em torno das concessões que as diversas partes devem fazer para se chegar a um acordo abrangente aceitável. No início de 2013 persistiam dúvidas sobre se, ou quando, ela poderia ser concluída.

Sistema Econômico Latino-Americano (Sela). Organismo regional intergovernamental latino-americano, criado (1975) na onda da "nova ordem econômica internacional" dos anos 1970, quando países em desenvolvimento pressionavam para uma mudança fundamental nas relações econômicas internacionais, com base na não reciprocidade, no monopólio estatal sobre seus recursos nacionais, no controle das atividades das multinacionais em seus territórios e na revisão dos códigos proprietários sobre tecnologia (flexibilização dos regimes de patentes e transferência de tecnologia no sentido Norte-Sul). Pretendia ser uma espécie de OCDE dos países latino-americanos, ou seja, de coordenação de suas políticas e posições negociadoras nos foros internacionais, mas nunca conseguiu ser mais do que uma agência de intercâmbio de informações e de realização de alguns estudos especializados (enquanto havia recursos para tal). O panorama da coordenação e consulta no âmbito latino-americano, embora nem sempre especializado na área econômica, está sobrecarregado de instâncias, foros e organismos superpostos e concorrentes.

Sistema Europeu de Pagamentos. Esquema de compensações bancárias, entre as autoridades da Europa ocidental, financiado por empréstimos dos Estados Unidos para sustentar o comércio recíproco dos países beneficiados pela ajuda do Plano Marshall, que funcionou durante aproximadamente uma década após o estabelecimento do Programa Europeu de Recuperação. Administrado pelo Banco de Compensações Internacionais (localizado em Basileia), ele consistia num sistema de créditos recíprocos, cujos saldos, apurados bilateralmente, eram periodicamente liquidados a curtos intervalos. Serviu de inspiração para o Convênio de Créditos Recíprocos (CCR), que seria instituído no âmbito da Alalc em 1965, e que continuou sob o segundo Tratado de Montevidéu (1980), que criou a Aladi.

Sistema Geral de Preferências (GSP). O mais importante mecanismo de concessões comerciais não recíprocas entre países desenvolvidos e em desenvolvimento, manifestou-se em primeiro lugar no âmbito do Gatt, sob a forma de um regime especial, definido em 1964, que deveria ser institucionalizado (ou seja, geral), mas na verdade subsiste como concessões unilaterais, renovadas periodicamente e praticamente sem negociações entre as partes. Existem outros regimes parciais e condicionais, entre eles os da antiga Comunidade Europeia a suas ex-colônias e outros PMDRs, bem como um SGPC, um sistema muito limitado em vigor entre os próprios países em desenvolvimento, do qual o Brasil foi um dos promotores, seguindo, no caso, algumas recomendações da Unctad.

Supranacional. Diz-se dos esquemas que se colocam acima das soberanias nacionais, na verdade, um acordo tendente a atribuir poderes próprios a uma entidade teoricamente "desnacionalizada", não recebendo ordens diretas dos governos nacionais, mas a eles remetendo decisões ou resoluções que podem ser, ainda teoricamente, aplicadas de maneira direta nos territórios dos Estados partes. De fato, os órgãos supranacionais, ou comunitários (dos quais o exemplo histórico mais conhecido é a Comissão Europeia, que supervisiona o funcionamento executivo dos diversos tratados e mecanismos europeus) recebem "impulsos", quando não instruções, dos países-membros, seja de um Conselho superior de chefes de Estado (como o Conselho Europeu, por exemplo), seja de um órgão de coordenação formado por representantes ou delegados dos Estados partes (como no caso do Coreper europeu, o Conselho de Representantes Permanentes, que funciona em Bruxelas, paralelamente aos trabalhos da Comissão). A Ceca criou o primeiro embrião da supranacionalidade, ao instituir a Alta Autoridade, que supervisionaria a produção e comercialização de carvão e de produtos siderúrgicos, sem, teoricamente, receber instruções dos governos. Na prática, a supranacionalidade sempre se dobra aos mais altos interesses nacionais, embora, no papel, os "comissários" sejam proibidos de receber instruções ou de se dirigir a seus governos nos países de origem. Na realidade, os países negociam entre si os nomes, postos e funções que pretendem designar para os cargos "supranacionais".

Tarifa Externa Comum (TEC). Pauta Aduaneira comum aos membros de uma UA, consistindo num Código Aduaneiro (geralmente segundo nomenclatura harmonizada) e instituições comuns para sua aplicação, ou seja, uma Autoridade Aduaneira unificada em todo o território da UA, encarregada de cobrar as tarifas num ponto determinado de entrada, após o quê o produto deveria circular livremente pelo território comum. A TEC, como para as pautas aduaneiras nacionais, deve ser registrada na OMC e examinada pelo Comitê de Acordos Regionais, para examinar sua consistência com as obrigações das partes.

***Trade Policy Review Mechanism* (TPRM).** Mecanismo de revisão das políticas comerciais, uma espécie de sabatina pública, em aplicação desde muitos anos no Gatt, e agora na OMC, que consiste num exame das medidas e das práticas nacionais dos países-membros e também dos acordos regionais. Efetuado a cada dois anos, aproximadamente, pode fazer recomendações de ajustes e correções, quando encontra políticas e práticas inconsistentes com os acordos obrigatórios do sistema. Veja: <http://www.wto.org/english/tratop_e/tpr_e/tpr_e.htm>. Acesso em: 29 nov. 2012.

Tratamento Nacional. Outro dos princípios basilares do Gatt, e desde muito antes dos acordos bilaterais de comércio, consistindo na atribuição de um tratamento similar a bens e serviços nacionais uma vez ultrapassada a barreira das fronteiras, com o pagamento das tarifas ou taxas pertinentes. A despeito dessa cláusula, muitos países e ARCs discriminam disfarçadamente contra equivalentes estrangeiros, mediante políticas e medidas de corte nacionalista.

Unctad (Conferência das Nações Unidas para o Comércio e o Desenvolvimento). Surgida como reunião exclusiva para reformar de uma vez por todas o sistema multilateral de comércio em favor dos países em desenvolvimento, em 1964, a complexidade e os desacordos em torno da agenda transformaram a conferência, formalmente supervisionada pelo Conselho Econômico e Social da ONU, em reuniões regulares, a cada quatro anos aproximadamente; chegou a ter importância relativa na revisão de diversos mecanismos afetos ao Gatt (como a inclusão de uma parte IV, sobre comércio e desenvolvimento, no Acordo Geral) e a outras agências especializadas (como a OMPI, sobre propriedade intelectual, por exemplo), dotou-se de um secretariado e chegou a negociar diversos acordos econômicos especializados, sobretudo no âmbito dos produtos de base. Esteve no centro dos debates sobre a "nova ordem econômica internacional" dos anos 1970, mas perdeu relevância desde então, subsistindo como órgão técnico em apoio a negociações e consultas sempre com o viés diferencial e favorável aos países em desenvolvimento, ou seja, ao princípio do tratamento especial e mais favorável. Veja: <http://www.unctad.org>. Acesso em: 29 nov. 2012.

União Aduaneira. A terceira forma de integração econômica e comercial, depois das áreas de preferências tarifárias e das ZLCs, e antes dos mercados comuns. Uma UA compreende, necessariamente, uma ZLC completa, complementada por uma tarifa externa comum (TEC) e uma política comercial comum em face de terceiras partes. Não requer necessariamente instituições comunitárias, como num mercado comum, podendo coexistir com esquemas intergovernamentais, como foi o caso do Benelux e, atualmente, do Mercosul.

União da Europa Ocidental (UEO). Concebida originalmente como um tratado regional de colaboração econômica, social e cultural, e de autodefesa coletiva, em março de 1948, o esquema era integrado pela Bélgica, França, Luxemburgo, Países Baixos e Reino Unido, à exclusão da Alemanha ocidental (que na época não existia enquanto Estado independente) e já voltado contra os propósitos da União Soviética na Europa Ocidental; foi modificado diversas vezes para acomodar as realidades políticas da Guerra Fria, mas nunca chegou a ter a preeminência da OTAN (sob hegemonia dos Estados Unidos) em matéria de defesa e de segurança coletiva. Com a criação dos mecanismos europeus de segurança coletiva, a UEO deixou de existir formalmente em 2011 Veja: <http://www.weu.int>. Acesso em: 29 nov. 2012.

União Europeia (UE). Unificou, em 1992, por meio do tratado de Maastricht, as diferentes instituições existindo anteriormente sob o epíteto de Comunidades Europeias, notadamente a Ceca, a CEE e a Euratom, e consolidando os pilares da segurança e da política externa, da cooperação penal e judicial e, ainda que parcialmente, a união monetária entre alguns de seus membros. O Conselho Europeu, a Comissão de Bruxelas e o Parlamento Europeu constituem seus órgãos mais importantes. Veja: <http://europa.eu/index_pt.htm>. Acesso em: 29 nov. 2012.

Vestfália, tratados (1648). Veja *Guerra dos Trinta Anos*.

Zollverein. Aliança tarifária e aduaneira construída gradativamente a partir de 1834 entre a Prússia e diversos Estados alemães e cidades comerciais setentrionais, até alcançar toda a Alemanha, com a unificação política de 1871; no plano dos mecanismos e das instituições, pode ser considerado o "pai fundador" dos modernos acordos regionais de comércio.

Zona de Livre-comércio (ZLC). A segunda forma mais comum de ARC, não conduz exatamente a uma integração econômica, como para as formas mais avançadas, mas favorece a especialização e as economias de escala ao liberalizar o comércio entre as partes do acordo pelo desmantelamento de barreiras tarifárias e não tarifárias. Cada parte conserva sua própria política comercial, e por isso pode entrar em tantas ZLCs quanto forem operacionalmente possíveis e compatíveis com o sistema multilateral de comércio, o que já não é possível para as uniões aduaneiras. Existem, provavelmente, tantas ZLCs quanto áreas preferenciais de comércio, com um predomínio destas últimas entre países em desenvolvimento, e das ZLCs entre países mais avançados.

BIBLIOGRAFIA COMENTADA

A principal fonte para a pesquisa e informação sobre os acordos regionais de comércio é, obviamente, a da organização que registra os acordos concluídos pelos países-membros (assinados e em vigor), disciplina seu funcionamento, mantém as bases de dados atualizadas e procede ao exame regular de sua adequação às regras do sistema multilateral de comércio: a Organização Mundial de Comércio.

Ademais de uma base estatística completa sobre os fluxos de comércio entre países e blocos comerciais, a cada ano a OMC publica um relatório sobre o estado do comércio mundial, seus principais problemas, tendências e negociações, escolhendo geralmente um tópico especial para ser estudado em maior detalhe[1]. Em 2011, por exemplo, o tema escolhido foi justamente o dos acordos preferenciais de comércio: *World Trade Report 2011 – The WTO and preferential trade agreements: From co-existence to coherence.*[2]

A partir da página principal da OMC,[3] podem ser consultadas, em inglês, francês, ou espanhol, as informações disponíveis sobre os blocos existentes, na seção dedicada aos Acordos Regionais de Comércio[4]. Diferentes disposições dessas bases de dados permitem visualizar os acordos segundo diferentes critérios, como os tipos mais frequentes (acordos preferenciais, ou de livre-comércio, por exemplo), ou por países e territórios aduaneiros.[5]

Outras instituições multilaterais, intergovernamentais e regionais, e institutos de pesquisa da área econômica também possuem extensas bases de dados sobre os acordos regionais, bem como estudos e análises sobre os acordos individuais, sobre seu impacto sobre o comércio global de bens e serviços ou no que se refere aos investimentos diretos estrangeiros. Dentre essas outras possibilidades podem ser alinhadas as seguintes entidades mais importantes:

» Organização Mundial das Aduanas (<www.wcoomd.org >)
» International Trade Centre, da OMC (<www.intracen.org>)
» Unctad: Conferência das Nações Unidas sobre Comércio e Desenvolvimento (<www.unctad.org>)
» Banco Mundial (<www.worldbank.org>)
» Banco Interamericano de Desenvolvimento (<www.iadb.org>)

1 Veja os relatórios anuais, em inglês em <http://www.wto.org/english/res_e/reser_e/wtr_e.htm>. Acesso em: 29 nov. 2012.

2 Disponível em: <http://www.wto.org/english/res_e/booksp_e/anrep_e/world_trade_report11_e.pdf>. Acesso em: 29 nov. 2012.

3 Veja <http://www.wto.org/>. Acesso em: 29 nov. 2012.

4 Veja <http://www.wto.org/english/tratop_e/region_e/rta_pta_e.htm>. Acesso em: 29 nov. 2012.

5 Veja <http://rtais.wto.org/UI/PublicMaintainRTAHome.aspx>. Acesso em: 29 nov. 2012.

- Intal: Instituto para a Integração da América Latina e do Caribe, do BID (<www.iadb.org/en/intal/intal-home,1081.html>)
- Cepal: Comissão Econômica para a América Latina e o Caribe (<www.eclac.org>)
- Organização para a Cooperação e o Desenvolvimento Econômico (<www.oecd.org>)
- American Enterprise Institute (<www.aei.org/policy/economics/international-economy/trade>)
- Cato Institute (<www.cato.org/trade-immigration>)
- European Centre for International Political Economy (<http://www.ecipe.org>)
- Institute for International Economics (<www.iie.com>)
- Latin American Trade Network (<http://www.latn.org.ar>)
- Third World Network (<www.twnside.org.sg/trade.htm>)
- World Trade Institute, Universidade de Berna, Suíça (<www.wti.org>)

Os próprios blocos, ou seja, os principais acordos em funcionamento, que são dotados de instituições, possuem páginas oficiais, apresentando, com maior ou menor grau de detalhamento, as informações disponíveis sobre seus fundamentos jurídicos (os tratados de comércio ou acordos regionais assinados e em vigor, inclusive com terceiras partes), as principais regras aplicáveis, os fluxos registrados de comércio, as reuniões de seus órgãos diretores e as decisões adotadas, bem como um número variado de informações úteis. Dentre os sites de blocos mais conhecidos, podem ser citados os seguintes:

- Aladi (<www.aladi.org>)
- Apec (<www.apec.org>)
- Asean (<www.aseansec.org>)
- Associação Europeia de Livre-comércio (<www.efta.int>)
- Comunidade Andina de Nações (<http://www.comunidadandina.org>)
- Comunidade de Desenvolvimento da África Meridional (<www.sadc.int>)
- Comunidade do Caribe (<www.caricom.org>)
- Mercado Comum da África Oriental e Meridional (<www.comesa.int>)
- Mercosul (<www.mercosur.int>)
- Nafta (<http://www.nafta-sec-alena.org>)
- União Europeia (<www.europa.eu>)

Muitos livros e artigos especializados foram consultados para elaborar o presente livro, em diversas línguas. Além dos títulos já referidos em cada um dos capítulos, não retomados nesta lista final, podem ser citados, dentre os materiais mais relevantes, os seguintes:

ALMEIDA, Paulo Roberto de. *Mercosul*: fundamentos e perspectivas. São Paulo: LTr, 1998.

________. Desenvolvimento histórico do Mercosul: panorama de 20 anos. *Revista Digesto Econômico*, ano 66, n. 463, mar.-abr.-maio 2011, p. 68-82.

________. Seria o Mercosul reversível?: especulações teóricas sobre trajetórias alternativas concretas. *Universitas Relações Internacionais*, vol. 9, n. 1, jan.-jun. 2011, p. 39-71. Disponível em: <htt://www.publicacoesacademicas.uniceub.br/index.php/relacoesinternacionais/article/view/1360/1288>. Acesso em: 29 nov. 2012.

BHAGWATI, Jagdish N. *Free Trade Today*. Princeton, NJ.: Princeton University Press, 2003.

________. *Protectionism*. Cambridge, Mass.: MIT Press, 1989.

________; PANAGARIYA, A. (ed.). *The Economics of Preferential Trade Agreements*. Washington: AEI Press, 1996.

BALDWIN, R.E.; VENABLES, A.J. Regional economic integration. In: GROSSMAN, G.; ROGOFF, K. (ed.). *Handbook of International Economics*. 3. ed. Amsterdam: North Holland, 1995. p. 1597-644.

CRAWFORD, Jo-Ann; FIORENTINO, Roberto V. *The Changing Landscape of Regional Trade Agreements*. Genebra: WTO, Discussion paper n. 8, 2009. (link: http://hdl.handle.net/123456789/21008).

FERNANDEZ, Raquel; PORTES, Jonathan. Returns to Regionalism: An Analysis of Nontraditional Gains from Regional Trade Agreements. *World Bank Economic Review*, vol. 12, n. 2, 1998, p. 197-220.

FIORENTINO, Roberto V.; VERDEJA, Luis; TOQUEBOEUF, Christelle. *The Changing Landscape of Regional Trade Agreements*: 2006 Update. Genebra: WTO, Working paper n. 12, 2006. Disponível em: <http://www.wto.org/english/res_e/booksp_e/discussion_papers12a_e.pdf>. Acesso em: 29 nov. 2012.

FREUND, Caroline L.; ORNELAS, Emanuel. *Regional Trade Agreements*. World Bank Policy Research; Working Paper n. 5314, maio 2012. Disponível em: <http://papers.ssrn.com/sol3/papers.cfm?abstract_id=1612091>. Acesso em: 29 nov. 2012.

IRWIN, Douglas A. *Against the Tide*: an intelectual history of free trade. Princeton, NJ.: Princeton University Press, 1997.

________. *Free Trade Under Fire*. Princeton, NJ.: Princeton University Press, 2009.

JACKSON, John J. *The World Trade Organization*: Constitution and jurisprudence. Londres: Royal Institute of International Affairs, 1998.

LAWRENCE, R. *Regionalism, Multilateralism and Deeper Integration*. Washington: Brookings Institution, 1996.

MESSERLIN, Patrick A. *Measuring the Costs of Protection in Europe*: European Commercial Policy in the 2000s. Washington: Peterson Institute Press, 2001.

PANAGARIYA, Arvind The regionalism debate: an overview. *The World Economy*, 22, 1999, p. 477-511. Disponível em: <http://128.118.178.162/eps/it/papers/0309/0309007.pdf>. Acesso em: 28 nov. 2012.

_________; FINDLAY, R. A political-economy analysis of free-trade areas and customs unions. In: FEENSTRA, R.; GROSSMAN, G.; IRWIN, D. (ed.). *The Political Economy of Trade Reform*: Essays in Honor of J. Bhagwati. Cambridge, MA: MIT Press, 1996. p. 265-87.

POMFRET, Richard. Regional Trade Agreements. In: FRATIANNI, Michele (ed.). *Regional Economic Integration*. Bingley, UK: Emerald, 2006. p. 39-54.

RIGGIROZZI, Pia. Region, regioness, and regionalism in Latin America: Towards a new synthesis. *Latin American Trade Network*, Working Paper n. 130, abril 2010.

SCHOTT, Jeffrey J. *Free Trade Agreeements*: US strategies and priorities. Washington: Institute for International Economics, 2004.